中小学信息科技

实验手册

互联网应用与创新

七至九年级适用

主编　钟柏昌

SPM 南方传媒
全国优秀出版社
全国百佳图书出版单位
广东教育出版社
·广　州·

图书在版编目（CIP）数据

中小学信息科技实验手册．互联网应用与创新／钟柏昌主编．--广州：广东教育出版社，2024．8（2024.12重印）．--ISBN 978-7-5548-6199-8

Ⅰ.G634.673

中国国家版本馆CIP数据核字第2024RP7076号

主　　　编　钟柏昌

本册编写人员　龚佳欣　余峻展　李惠乾　李绮华　刘晓凡　列映湘
翁燕红　裴永漫　黄桂闽　顾荣桢　万　珺

中小学信息科技实验手册　互联网应用与创新

ZHONGXIAOXUE XINXI KEJI SHIYAN SHOUCE HULIANWANG YINGYONG YU CHUANGXIN

出 版 人：朱文清
项目策划：李杰静　林　雁
责任编辑：颜　锋
责任技编：许伟斌
装帧设计：陈铎润
出　　版：广东教育出版社
（广州市环市东路472号12-15楼　邮政编码：510075）
销售热线：020-87772438
网　　址：http://www.gjs.cn
邮　　箱：gjs-quality@nfcb.com.cn
发　　行：广东新华发行集团股份有限公司
印　　刷：珠海市国彩印刷有限公司
（珠海市金湾区红旗镇虹晖三路北侧、永安一路西侧）
规　　格：787mm × 1092mm　1/16
印　　张：6.25
字　　数：112千字
版　　次：2024年8月第1版
2024年12月第2次印刷
定　　价：18.00元

前言

信息科技宛若一座巍峨的大桥，横跨于知识的汪洋之上，连接着现实与未来；实验探究如同一把钥匙，巧妙地联结了理论与实践，为我们打开了通往知识宝库的大门。通过参与实验活动，我们能将抽象的概念转化为具体的成果。通过每一个方案的设计、每一段代码的编写、每一个作品的搭建，我们都在无形中加强了对知识的理解，提升了解决问题的能力。

为促进信息科技课程育人目标的达成，本套实验手册以《义务教育信息科技课程标准（2022年版）》和《中小学实验教学基本目录（2023年版）》设置的课程模块、跨学科主题和实验条目为编写依据，共分七册，覆盖义务教育信息科技课程三至九年级的所有实验，按顺序分别为在线学习与生活、数据与编码、身边的算法、过程与控制、互联网应用与创新、物联网实践与探索、人工智能与智慧社会。实验手册内容具有较强的权威性、系统性和连贯性，有助于系统培养同学们的信息素养与数字素养。

每册实验手册的结构相同，按内容主题设置四至六个单元，每个单元包含若干实验活动，每个实验活动由实验活动信息简表、实验目的、实验工具、实验原理、实验过程、实验迁移、实验总结等栏目组成。在各栏目中，根据学习推进，嵌有“会思考”“会设计”“会体验”“会记录”“会探究”“会验证”“会迁移”“会提问”“会修改”等小栏目，并引入生成式人工智能工具的应用。实验活动设置注重趣味性、互动性和生成性等，不仅能够激发同学们的学习兴趣，而且有利于培养同学们的反思意识、创新思维和终身学习能力。

在教育理念上，本套实验手册秉承“学以致用”的原则，力图将课标理念融于完善的实验体系中、将教法学法融于流畅的实验过程中、将理论知识融于核心的实验环节中。具体体现为：从现实生活场景中提炼实验问题，以实验问题驱动实验过程，在实验过程中嵌入理论知识和操作方法，在问题思考和总结评价中回溯实验原理，在问题解决后学会迁移应用。总之，本套实验手册具有较强的实用性、可操作性和拓展性，可供师生在课堂教学中使用。

本套实验手册所涉及的所有软件均可从其官方网站下载并免费使用，所涉及的网络平台均可免费使用。对于大多数实验而言，一般的计算机配置就能够满足其实验需求；涉及硬件搭建的模块需要实验盒的支持，具体信息可参见实验工具部分。

诚如伽利略所说，科学的真理应该在实验中和以实验为基础的理论中去寻找。让我们一起踏上这趟有趣的学习旅程，在实验中学习，在实践中成长，探索信息科技的无限可能！

目　录

第一单元

互联网及其影响

实验 1　调查互联网的发展及影响

<table>
<tr><td>学段</td><td>第四学段（7 ~ 9 年级）</td><td>模块</td><td>互联网应用与创新</td></tr>
<tr><td>实验编号</td><td>1</td><td>课时</td><td>1</td></tr>
<tr><td rowspan="2">实验类型</td><td colspan="3">☐程序设计类 ☐硬件搭建类 ■体验感悟类 ☐科学探究类</td></tr>
<tr><td colspan="3">☐验证性实验 ■探究性实验 ☐创新应用性实验 ☐虚拟仿真实验</td></tr>
</table>

实验目的

调查互联网的发展及影响，体会互联网对信息社会发展的重要作用。

实验工具

1. 硬件

计算机。

2. 软件

搜索引擎、生成式人工智能工具。

实验原理

互联网，也称因特网，是由众多网络相互连接形成的庞大网络。这些网络以一组通用的协议相连，共同构成逻辑上的单一巨大国际网络。这种将不同计算机网络互接起来的方式称为“网络互联”。

实验过程

一、实验问题

1. 问题情境

在现代社会，互联网已经成为我们与远方亲友紧密联系的桥梁，促进了沟通的无界性，深刻影响着我们学习、工作和生活的方方面面。例如，通过发送微信消息、进行视频通话等方式（图 1-1），我们能够即时与千里之外的亲友分享生活点滴。

那么，从最初的军事和科研用途到如今全球普及，互联网经历了哪些重要发展阶段？对我们的日常生活有哪些影响呢？

图 1-1　通过互联网进行视频通话

2. 问题分析

互联网不仅是一种技术，更是一种文化和社会现象。日常生活中所使用的浏览器、搜索引擎、移动 APP，以及在线购物与在线课堂平台等，均是互联网发展的产物，它们印证了互联网发展对社会的变革与影响。接下来，让我们通过网络调查活动，进一步体验与探索互联网的奥秘。

二、实验探究

1969 年，美国建成世界上第一个网络——阿帕网（ARPANET），标志着互联网诞生；1974 年，卡恩和瑟夫提出 TCP/IP 协议的概念，为互联网通信奠定了基础。

使用搜索引擎或生成式人工智能工具，进一步了解互联网的发展历程及里程碑事件。

会探究

1989 年，蒂姆·伯纳斯·李提出万维网（World Wide Web，简称 WWW）这一概念，促使互联网发展进入 Web 1.0 时代。请通过在线搜索，探究这一阶段发生的主要事件，并完成以下单选题。

（1）1990 年，ARPANET 正式停止运营，主要原因是（　　）。

A. 技术落后，无法满足新的网络需求

B. 冷战结束，失去资金支持与管理权转移

C. 被其他更先进的网络取代

D. 网络故障频发，无法维持正常运行

（2）（　　）年，蒂姆·伯纳斯·李建立世界上第一个网站，并解释了万维网是什么，如何使用网页浏览器，以及如何建立一个网页服务器等。

A. 1990　B. 1991　C. 1992　D. 1993

（3）以下哪项不是万维网带来的改变？（　　）

A. 使得网络内容更加丰富多彩，包括图文、音频和视频等

B. 推动了远程教育、在线购物、线上通信等应用的发展

C. 使得 ARPANET 重新焕发生机，继续运营

D. 为现代互联网的发展奠定了坚实的基础

进入 21 世纪，随着智能手机的普及和移动互联网技术的快速发展，人们可以随时随地访问互联网，互联网发展进入 Web 2.0 时代。

会探究

请通过在线搜索，了解 Web 2.0 时代的主要特点和典型应用，完成下面的填写。

（1）Web 2.0 时代的主要特点有：________________________

____。

（2）Web 2.0 时代的典型应用有：________________________

____。

目前，互联网技术已全面渗透至社会各个领域，对人们的学习、生活和工作方式产生了变革性的影响。

会思考

（1）思考互联网应用对我们日常生活的影响，完成下面的连线。

使用购物网站在线购书。	教育教学
使用微信与好友进行文字、语音和视频通信。	购物消费
使用国家智慧教育公共服务平台自主学习。	社交沟通
在线观看电影、听音乐和看电视剧等。	休闲娱乐

（2）结合线上、线下实践活动，思考互联网应用的优势与劣势，填写表 1-1。

表 1-1　互联网应用的优势与劣势

应用场景	互联网应用的优势	互联网应用的劣势
购买书籍	可选范围广泛、突破时空限制等。	无法直接查看书籍质量、无法即时获得书籍等。

（3）总结互联网在不同领域的影响，将互联网的应用领域及其影响一一连线对应。

经济领域　　教育领域　　医疗领域　　娱乐领域

改变了传统的教育方式，使得教育资源更加公平地分配。

丰富了娱乐内容和形式，为文化产业的发展提供了广阔的空间。

打破了传统商业模式的局限，推动了新零售的崛起。

促进了医疗资源的优化配置，提高了医疗服务的普及率和质量。

会探究

（1）通过在线搜索，与同学讨论互联网应用呈现的实时性、分布式、互动性强和个性化等特征，填写表 1-2。

表 1-2　互联网应用的特征

特征	说明	案例
实时性	用户可以实时获取和分享最新的信息和体验。	在线观看直播并参与实时互动。
分布式		
互动性强		
个性化		

（2）互联网极大地提升了我们的生活品质，同时也带来了一系列挑战。请通过在线搜索、与同学交流等方式了解这些挑战并提出对策，填写表 1-3。

表 1-3　互联网带来的挑战与对策

挑战	对策
用户容易受到虚假信息的误导和干扰。	通过多个来源判断信息的可靠性，不传播虚假信息等。

实验迁移

随着大数据、云计算、5G 网络、人工智能等新一代信息技术的发展，我们将迎来更加智能化、去中心化、个性化和沉浸式的 Web 3.0 时代。

会提问

使用搜索引擎或生成式人工智能工具获取有效信息，了解新一代信息技术对互联网发展的影响，填写表 1-4。

表 1-4　新一代信息技术对互联网发展的影响

技术类型	对互联网发展的影响
大数据	
云计算	
5G 网络	
人工智能	

会迁移

在线搜索更多关于互联网发展及影响的相关资料，畅想 Web 3.0 时代的学习、工作和生活景象，完成下面的填写。

Web 3.0 时代的学习：____

____。

Web 3.0 时代的工作：____

____。

Web 3.0 时代的生活：____

____。

实验总结

1. 实验反思

反思自己在实验中的表现，填写表 1-5。

表 1-5 实验反思

实验环节	表现较好的地方	还需努力的地方
实验问题		
实验探究		

2. 实验评价

回顾并评价自己在实验中的收获，填写表 1-6。

表 1-6 实验评价

我的收获	自评
能够使用网络搜索调查互联网的发展与影响。（数字化学习与创新）	☆☆☆☆☆
能够描述互联网的发展历程，举例说明互联网应用的特征。（信息意识）	☆☆☆☆☆
能够描述互联网对信息社会发展的重要作用。（信息社会责任）	☆☆☆☆☆

实验 2　调查中国互联网发展典型案例

学段	第四学段（7 ~ 9 年级）	模块	互联网应用与创新
实验编号	2	课时	1
实验类型	□程序设计类 □硬件搭建类 ■体验感悟类 □科学探究类 □验证性实验 ■探究性实验 □创新应用性实验 □虚拟仿真实验		

实验目的

调查中国互联网发展的典型案例，体会互联网对我国社会发展的重要作用。

实验工具

1. 硬件

计算机。

2. 软件

搜索引擎、生成式人工智能工具。

实验原理

2024 年是中国全功能接入国际互联网的 30 周年。在这期间，我国互联网紧随国际互联网发展趋势，经历了 Web 1.0 时代、Web 2.0 时代，正在迈进更高阶的 Web 3.0 时代。通过实施“互联网 +”行动计划和推动数字经济发展战略，我国进一步加速了互联网技术与各领域的深度融合，展现了我国在数字经济时代的巨大潜力和创新能力。

实验过程

一、实验问题

1. 问题情境

2022 年 3 月，我国国家智慧教育公共服务平台（图 2-1）正式上线，为实现人人皆学、处处能学、时时可学的互联网学习注入了强大动力。平台提供了全面而便捷的在线教育服务，不仅推进了我国在线教育的发展和创新，也彰显了我国互联网技术在教育领域的广泛应用。

我国互联网发展经历了哪些重要阶段？每个阶段又有哪些典型案例呢？请同学们围绕“中国互联网发展典型案例”开展一次调查活动。

图 2-1　国家智慧教育公共服务平台

2. 问题分析

国家智慧教育公共服务平台是我国互联网发展的典型案例之一，体现了互联网对人类学习方式的深刻影响。调查我国互联网发展的关键阶段和典型案例，将有助于我们更深入地理解互联网技术如何引领社会变革，激发民族自豪感和爱国情怀。

二、实验探究

接下来，让我们通过在线搜索，了解中国互联网的主要发展阶段与典型案例。

会体验

中国互联网的发展大致可分为三个阶段，每一个阶段都标志着互联网技术的深度革新与发展。请同学们通过在线搜索等方式，完成下面的填写。

（1）第一个发展阶段为基础设施建设阶段，时间为1994—2009年。该阶段以固网基础设施大规模________和________为标志，并为下一阶段奠定了用户基础。

（2）第二个发展阶段为商业化应用繁荣阶段，时间为2010—2019年。其中，得益于______________基础设施的大规模建设，我国形成具有9亿网民的超大规模互联网市场，为互联网大规模商业化应用创造条件。移动网络快速发展，网络连接更加泛在，物联网将连接从“______”拓展至“______”；云计算基础设施建设规模迅速扩大，以4G等为代表的移动通信技术和云计算技术实现创新引领。

（3）第三个发展阶段为下一代互联网探索起步阶段，时间为2020年至今。以____________创新突破为目标的下一轮互联网浪潮正在拉开帷幕。其中，5G网络全球规模领先，通用数据中心和智算中心建设加速，车联网、工业互联网、智能电网等融合型基础设施进展显著，6G、卫星互联网、人工智能等领域的___________技术探索持续加强。

会探究

登录中国互联网络信息中心网站，查找并阅读最新一期的《中国互联网络发展状况统计报告》，深入了解和分析中国互联网用户数量的变化趋势以及互联网应用的发展状况，完成下面的填写。

（1）我国互联网用户的数量变化：________________。

（2）过去几年哪些领域互联网应用数量获得了显著增长？原因有哪些？

互联网应用数量显著增长领域：________________。

增长的原因：________________________________

____。

在中国互联网的发展历程中，移动互联网占据着核心地位。它有力促进了信息获取、社交互动、在线购物和远程服务等方面的变革与创新，并持续推动经济和社会的数字化转型。

会提问

移动互联网的发展与移动通信技术紧密相关。移动通信技术已从第一代发展到第五代，它们各有什么特点与应用案例？使用搜索引擎或生成式人工智能工具获取有效信息，填写表 2-1。

表 2-1　移动通信技术的特点与应用案例

移动通信技术	特点	应用案例
第一代移动通信技术		
第二代移动通信技术		
第三代移动通信技术		
第四代移动通信技术		
第五代移动通信技术		

实验迁移

2014 年 11 月，浙江乌镇成功举办了首届世界互联网大会。这次大会不仅是一个国际性盛会，更是一个展示互联网发展成果和探讨未来趋势的重要平台。自此，乌镇成为世界互联网大会的永久举办地，每年秋季都会迎来一届盛会的召开。

会探究

在线搜索更多世界互联网大会的相关资料，并讨论该会议对中国互联网发展的意义，完成下面的填写。

（1）世界互联网大会国际组织正式成立的时间是____________________，总部地点是__________。

（2）该会的宗旨是搭建__________平台，推动国际社会顺应信息时代______化、______化、______化趋势，共迎安全挑战，共谋发展福祉，携手构建__________。

（3）该会议对中国互联网发展的意义：______________________________。

会迁移

如今，中国互联网在全球网络治理中扮演越来越关键的角色，成为全球网络基础设施的重要建设者。请同学们围绕这一主题，探讨中国互联网在全球网络基础设施建设中的具体贡献，将观点填在下方横线上。

____

____

____

实验总结

1. 实验反思

反思自己在实验中的表现，填写表2-2。

表2-2　实验反思

实验环节	表现较好的地方	还需努力的地方
实验问题		
实验探究		

2. 实验评价

回顾并评价自己在实验中的收获，填写表2-3。

表2-3　实验评价

我的收获	自评
能够使用数字化工具调查中国互联网发展的典型案例。（数字化学习与创新）	☆☆☆☆☆
能够描述中国互联网的发展历程，举例说明移动通信技术的特点。（信息意识）	☆☆☆☆☆
能够描述互联网对我国社会发展的创新价值和潜力。（信息社会责任）	☆☆☆☆☆

第二单元
互联网基本原理与功能

实验3　互联网应用中各种数据的组织

学段	第四学段（7～9年级）	模块	互联网应用与创新
实验编号	3	课时	1～2
实验类型	□程序设计类 □硬件搭建类 ■体验感悟类 □科学探究类 □验证性实验 ■探究性实验 □创新应用性实验 □虚拟仿真实验		

实验目的

探索互联网应用中的数据构成，了解HTML文档的基本结构与常见标签。

实验工具

1. 硬件

计算机。

2. 软件

搜索引擎、生成式人工智能工具。

实验原理

1. 互联网应用中的数据

互联网应用中的数据是指通过互联网存储、传输、处理和分析的信息单元，包括但不限于文本、图片、视频等多种类型的内容，来自用户与应用程序互动时的点击行为、浏览历史和表单提交记录等，以及由应用程序生成的日志文件、配置参数和用户资料等。

2. HTML

HTML(Hyper Text Markup Language) 即超文本标记语言，是一种用于创建网页内容的标准标记语言。它通过一系列的标签定义网页的结构和内容，并通过这些标签告诉浏览器如何显示文本、图片、链接、表格、列表等网页元素。使用 HTML 编写的文件称为 HTML 文档，由浏览器解释后显示（图 3–1）。

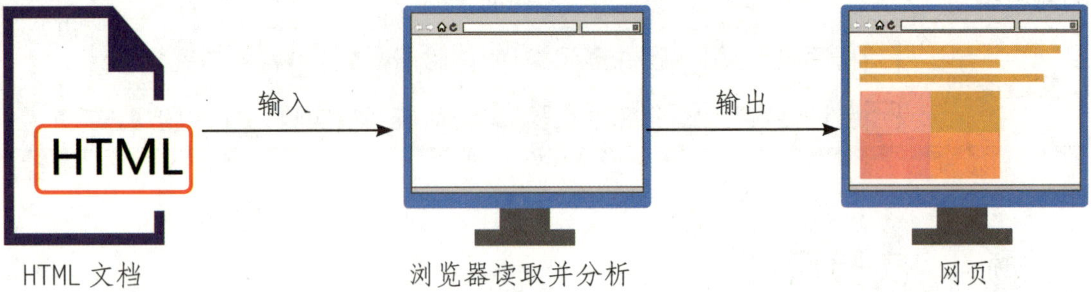

图 3–1　浏览器处理 HTML 文档的过程

HTML 标签一般使用尖括号“<”和“>”包围起来，分为单标签和双标签。单标签是指使用一个标签即可完整地描述某个功能的标签，其格式为 <标签名 />，如换行标签
。双标签是指由开始标签和结束标签组成的标签，其格式为 <标签名> 内容 </标签名>，例如设置标题标签 <title> 标题名称 </title>。多个双标签之间具有包含关系和并列关系（表 3–1）。

表 3–1　双标签的包含关系和并列关系

包含关系	并列关系
<head> <title></title> </head>	<head></head> <body></body>

HTML 文档中的标签是构建网页的基础，它们不仅定义了网页的结构，还决定了内容的显示效果。下面是一些常用的 HTML 标签（表 3–2）。

表 3–2　常用的 HTML 标签

标签	标签说明
<html></html>	创建一个 HTML 文档
<head></head>	设置文档头部

（续表）

标签	标签说明
<title></title>	定义网页标题
<body></body>	定义文档主体
<h1></h1>	设置不同级别的标题
<b></b>	设置粗体字
<i></i>	设置斜体字
<u></u>	设置字体下划线
<font size="..."></font>	设置字号大小（1~7）
<font color="..."></font>	设置字体的颜色
<align="...">	设置文字对齐方式
<small></small>	显示小字体
<big></big>	显示大字体
<p></p>	创建段落
 	插入换行符

实验过程

一、实验问题

1. 问题情境

在浏览网页时，我们常常会被丰富多彩的内容吸引。这些内容不仅涵盖文字、图片、音乐、视频等多种形态的数据，还涉及网页交互、数据库读取等多种数据来源。它们共同构成了一个信息丰富、高度互动的网络世界。想一想，这些看似杂乱无章的数据内容是如何做到在网页中井然有序地展现的？

2. 问题分析

互联网应用中的数据具有多样性和复杂性，我们可以使用超文本标记语言将这些数据组织成易于理解和访问的网页内容。通过设置 HTML 标签，我们能够灵活地组织文本、图像、音频、视频等媒体，使它们既各自独立又相互协调，从而提供良好的用户体验。

接下来，让我们一起探索如何使用超文本标记语言组织网页数据。

二、实验探究

明确数据类型是设置 HTML 标签的基础。在 HTML 中，我们通过不同的标签表示不同类型的数据或内容，以帮助浏览器正确地解析和展示网页。

会思考

在浏览网页时，同学们是否曾留意到其中蕴含的丰富数据呢？请在图 3-2 中标出不同的数据类型。

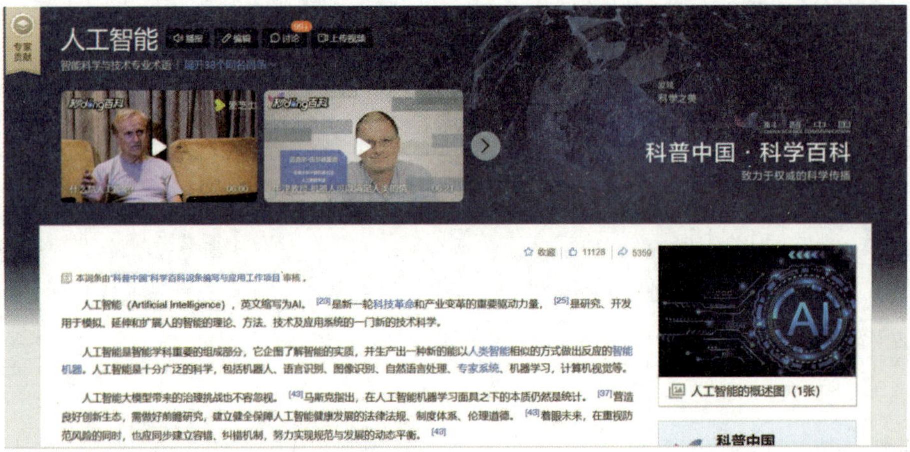

图 3-2　网页中不同的数据类型

网页实际上是浏览器对 HTML 文档进行解析的结果。HTML 文档定义了网页的基本结构和内容（图 3-3），浏览器则负责将这些代码转换成我们所看到的网页（图 3-4）。

```
<html><!-- 标记网页的开始 -->
  <head><!-- 标记网页头部开始 -->
    <title> 显示网页的名称 </title>
  </head><!-- 标记网页头部结束 -->
  <body><!-- 标记网页正文开始 -->
        网页内容
  </body><!-- 标记网页正文结束 -->
</html><!-- 标记网页的结束 -->
```

图 3-3　网页基本结构的 HTML 代码

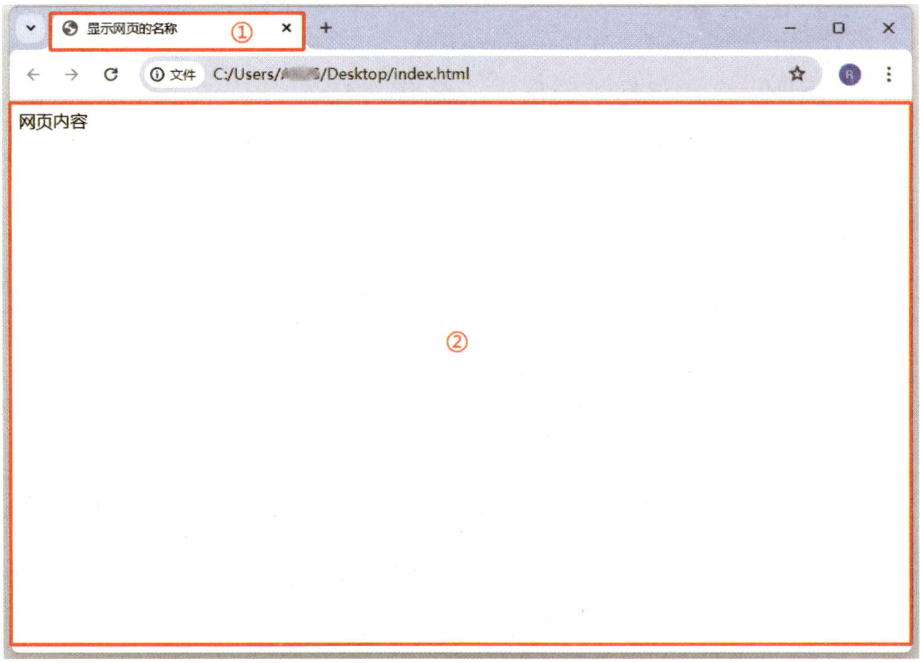

图 3-4　浏览器的解析结果

会探究

（1）在图 3-3 中，标签 <html> 与 <head>、<body> 为（　　）关系，标签 <head> 和 <body> 为（　　）关系。

A. 包含　　　　　　　　B. 并列

（2）将图 3-3 中的 HTML 代码和图 3-4 中的区域对应起来，若需更新区域①所示的网页名称，则编辑________和________标签内的文本；若需在区域②中展示图片、音乐、视频等多种形态的数据，则在________和________标签内添加相应内容。

会记录

将 HTML 标签与标签说明一一连线对应。

<body></body>	表示网页名称
<title></title>	表示网页主体内容
<p></p>	设置二级标题
 	创建段落
<h2></h2>	加粗字体
<b></b>	换行

会思考

为了恰当地展示网页内容的特性和意图，我们应如何根据媒体数据类型选择 HTML 标签？将思考结果填写在下方横线上。

____

____

实验迁移

想要深入了解网页的结构和运作方式，探索其背后的代码是关键一步。通过浏览器提供的“开发人员工具”或“查看页面源代码”功能，我们可以轻松查看或编辑网页的 HTML 源代码（图 3–5），从而分析其结构细节与实现方式。

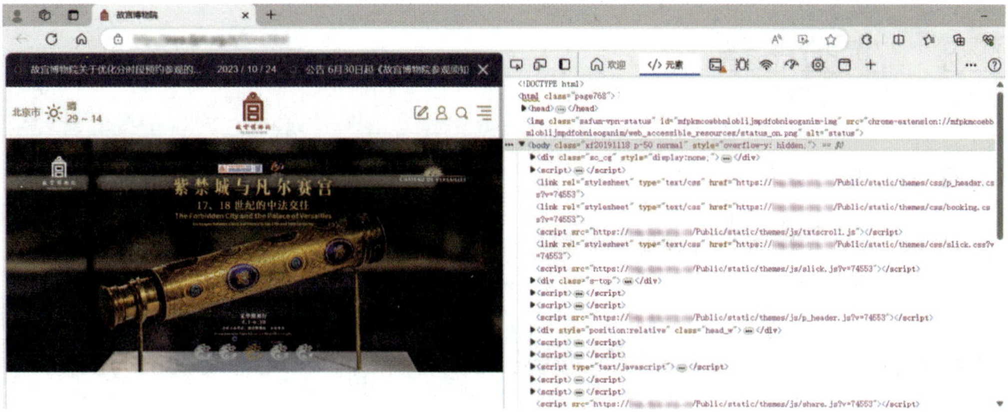

图 3-5　网页的 HTML 代码

会提问

尝试使用浏览器的“开发人员工具”或“查看页面源代码”功能查看自己熟悉的网站，对比分析网页显示的内容和对应的 HTML 代码。同时，使用搜索引擎或生成式人工智能工具获取有效信息，了解更多感兴趣的 HTML 标签及其说明，填写表 3-3。

表 3-3　网页的 HTML 标签

标签	标签说明
<script></script>	定义脚本语言

实验总结

1. 实验反思

反思自己在实验中的表现，填写表 3-4。

表 3-4 实验反思

实验环节	表现较好的方面	还需努力的方面
实验问题		
实验探究		

2. 实验评价

回顾并评价自己在实验中的收获，填写表 3-5。

表 3-5 实验评价

我的收获	自评
能够辨识和理解网页中不同的数据类型及其用途。（信息意识）	☆☆☆☆☆
能够描述 HTML 文档的基本结构，分析网页设计的基本逻辑和组织方式。（计算思维）	☆☆☆☆☆
能够描述常见 HTML 标签的含义及作用，利用浏览器中的“开发人员工具”或“查看页面源代码”功能理解 HTML 标签的实际运用。（信息意识）	☆☆☆☆☆

实验 4　网页的编辑与发布

学段	第四学段（7 ~ 9 年级）	模块	互联网应用与创新
实验编号	4	课时	1 ~ 2
实验类型	□程序设计类 □硬件搭建类 ■体验感悟类 □科学探究类		
	□验证性实验 ■探究性实验 ■创新应用性实验 □虚拟仿真实验		

实验目的

体验 HTML 网页的编辑与发布，探索如何利用网页开发工具有序组织和呈现各种数据。

实验工具

1. 硬件

计算机。

2. 软件

记事本、搜索引擎、生成式人工智能工具。

实验原理

1. 网页的编辑与发布

网页的编辑是指创建、修改和维护网页的内容、布局、样式以及功能的过程。这个过程涉及文本内容的撰写和编辑、图片的选择和处理、视频和音频的嵌入、链接的添加和管理、网页结构的调整和优化等。

网页的发布是指将制作完成的网页文件上传至远程服务器，使之成为互联网用户能够浏览的网站内容。网页的发布通常包括准备网页文件、选择发布方式、上传网页文件、配置服务器和域名、测试网站和正式上线等步骤。

2. 网页开发工具

网页开发工具是创建和管理网页的必备软件。网页开发工具有很多种，包括通过图形界面设计网页并自动生成相应 HTML 代码的可视化设计软件（例如 Adobe Dreamweaver）、专注于代码编辑且支持自动生成成对标签的专业 HTML 编辑器（例如 CoffeeCup HTML Editor）等。

3. 超链接

超文本链接，简称超链接，即通过 HTML 标签“<a></a>”来描述某一个数据资源的位置。通过超链接，用户不仅可以从一个网页轻松跳转到另一个网页，也可以在同一个页面内定位到特定内容，提升用户的阅读体验。

实验过程

一、实验问题

1. 问题情境

每个人心中都珍藏着一些特别的地方，它可能是一个曾留下美好回忆的旅游景点，例如长城、黄山或丽江古城，也可能是校园内一个让人感到舒适和放松的地方，例如图书馆的一角或操场的跑道……这些地方不仅承载着我们的回忆，更是我们个人故事的一部分。请发挥创意制作一个生动的网页，向大家介绍自己最喜欢的地方。

2. 问题分析

根据问题情境，我们需要制作一个网页，用于介绍自己喜欢的地方。为此，我们首先需要确定网页内容（例如图片、视频、文案等），再结合网页功能设计内容布局，然后利用所学知识编写 HTML 文档，将想法和设计转化为实际的网页元素，最后测试并发布网页。

二、实验设计

确定网页内容是制作网页的一个重要步骤。根据网页制作目的和目标受众偏好，确定内容主题与媒体类型等，才能提高网页内容的质量和吸引力。

会思考

根据网页制作目的和受众偏好确定网页所需呈现的内容，完成表 4-1。

表 4-1 网页的内容

内容主题	媒体类型
万里长城	图像、文字

接下来，我们还需要构思这些内容在网页中的布局和组织方式，确保页面的美观度和可读性。如图 4-1 所示，我们可以通过绘制草图呈现网页的设计思路。

图 4-1 网页设计草图

会设计

根据所选主题内容设计网页布局草图。

三、实验探究

设计网页草图后，我们就可以正式开始制作网页了。

会体验

（1）在记事本中输入如图 4-2 所示的 HTML 代码并保存。

```
<html>
  <head>
    <meta charset="UTF-8">
  <title> 网站名称 </title><!-- 在此设置网站名称 -->
  </head>
  <body>
    网页内容 <!-- 在此设置网站内容 -->
  </body>
</html>
```

图 4-2　HTML 代码的基本结构

（2）修改文件扩展名为 .html，利用浏览器打开文件，查看网页效果。

（3）尝试修改 <title> 和 </title> 标签之间的网页名称。

（4）尝试在 <body> 和 </body> 标签之间添加文本，介绍“我最喜欢的地方”。

经过上述操作，我们成功地在网页上添加了文本内容。思考如何进一步制作图文并茂的网页。

会探究

在 HTML 网页中通常使用 <img> 标签来添加图片，格式如下：

<img src="文件路径" alt="描述性文本" width="表示宽度的像素数" height="表示高度的像素数">

例：<img src="dinosaur.jpg" alt="恐龙" width="500" height="300">，注意此处要插入的“dinosaur.jpg”图像需要与 HTML 文件存放在同一目录下。

使用图像标签在网页上添加图像。

除此之外，我们还可以使用超链接添加来自其他网站的资源，如音频、视频等。

会探究

建立超链接的标签格式为“<a href="链接位置"> 链接元素 </a>”。

在线搜索网页所需的音频、视频等资源，使用超链接标签在网页上添加其他网站的资源。

为了提升网页的视觉效果和内容可读性，我们还可以使用以下 HTML 标签调整和优化网页布局（表 4-2）。

表 4-2 调整网页布局的标签

标签	标签说明
<body bgcolor="...">	设置背景颜色
<body text="...">	设置文本文字颜色
<body link="...">	设置链接颜色
<p></p>	创建段落
 	插入换行符
<center></center>	居中对齐
<hr>	创建水平线
<a href="..."> 链接元素 </a>	添加超链接
<img src="..." alt="...">	添加图像
<img src="..." width="..." height="...">	添加图像，并设定图像大小
<bgsound src="..." loop=1>	添加音乐
<table></table>	创建表格
<tr></tr>	定义表格中的行
<td></td>	定义表格中的列
<ul><li></li> </ul>	创建无序列表

会修改

结合表 4-2 的 HTML 标签代码，调整和优化网页的布局。

编写完网页代码后，我们需要使用浏览器进行本地测试，确保网页能正常显示和运行。待网页测试与优化后，我们可以使用 FTP 协议将整个网页的文件夹上传到虚拟空间中并进行发布。

会提问

使用搜索引擎或生成式人工智能工具搜索 FTP 协议，尝试解释 FTP 协议在网页发布中的作用。

FTP 协议（File Transfer Protocol）即文件传输协议，它允许开发者将本地创建的__________上传到远程的__________上，从而使得这些网页可以通过互联网被__________的用户访问。

实验迁移

综合运用所学知识，制作一个简单的个人网页，并与同学们分享自己丰富多彩的假期活动和安排。

会迁移

创建一个包含不同列表（无序列表和有序列表）的网页，展示自己的假期活动与安排。

实验总结

1. 实验反思

反思自己在实验中的表现，填写表 4-3。

表 4-3 实验反思

实验环节	表现较好的方面	还需努力的方面
实验问题		
实验设计		
实验探究		

2. 实验评价

回顾并评价自己在实验中的收获，填写表 4-4。

表 4-4　实验评价

我的收获	自评
能够描述 HTML 网页的编辑与发布过程，举例说明网页对网络信息组织与呈现的作用。（信息意识）	☆☆☆☆☆
能够利用网页开发工具有序组织和呈现各种信息，制作出图文并茂的网页。（数字化学习与创新）	☆☆☆☆☆

实验 5　探究互联网协议的原理

学段	第四学段（7 ~ 9 年级）	模块	互联网应用与创新
实验编号	5	课时	1 ~ 2
实验类型	□程序设计类 □硬件搭建类 ■体验感悟类 □科学探究类		
	□验证性实验 ■探究性实验 □创新应用性实验 □虚拟仿真实验		

实验目的

了解网络中数据的传输过程，探索常见网络协议的工作流程。

实验工具

1. 硬件

计算机。

2. 软件

搜索引擎、生成式人工智能工具。

实验原理

1. 网络协议

网络协议是计算机网络中用于在不同设备之间进行通信和交换数据的标准和规则。我们可以将网络协议比作人类社会中的交流语言，它定义了计算机之间相互交流的方式、传输数据的方式以及数据的格式等细节。

常见的网络协议包括 HTTP 协议、FTP 协议、SMTP/POP3 协议等。

（1）HTTP 协议。

HTTP 协议全称为 Hypertext Transfer Protocol，即超文本传输协议。HTTP 协议用于传输超文本文档（例如网页），广泛应用于网页浏览器和网站之间的通信，其工作过程如图 5-1 所示。

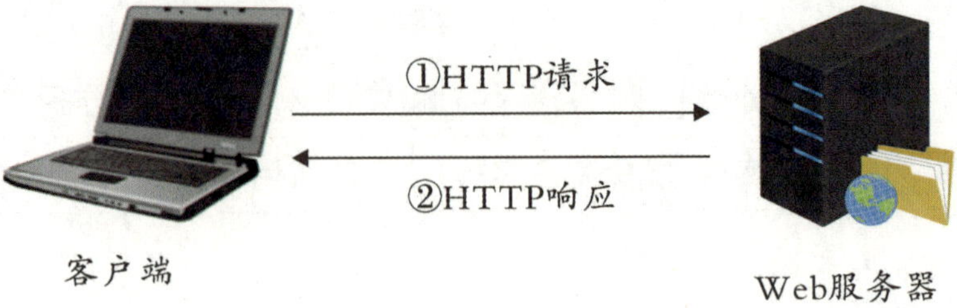

图 5-1　HTTP 协议示意图

（2）FTP 协议。

FTP 协议全称为 File Transfer Protocol，即文件传输协议。FTP 协议用于在网络上传输文件，支持不同客户端之间的文件传输操作，其工作过程如图 5-2 所示。

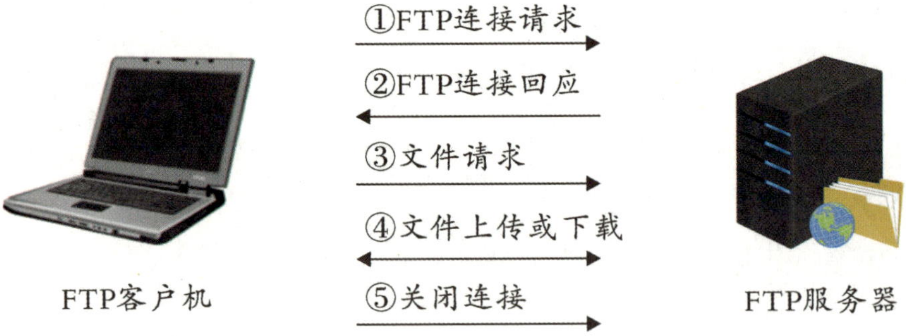

图 5-2　FTP 协议示意图

（3）SMTP/POP3 协议。

SMTP/POP3 协议全称为 Simple Mail Transfer Protocol/Post Office Protocol Version 3，即简单邮件传输协议 / 邮局协议，其工作过程如图 5-3 所示。SMTP 协议用于在互联网上发送邮件，POP3 协议用于在互联网上接收邮件。

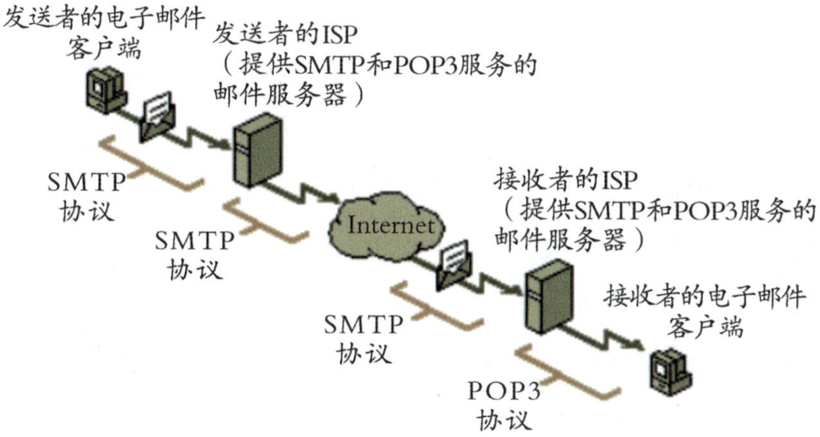

图 5-3　SMTP/POP3 协议示意图

2. TCP/IP 模型

TCP/IP 是最基本的网络通信协议，包含 TCP（传输控制协议）和 IP（互联网协议）两个核心协议以及协同实现具体服务的其他协议。如图 5-4 所示，这些协议共同组成了 TCP/IP 四层模型，从上到下为应用层、传输层、网络层、网络接口层（物理层和数据链路层）。

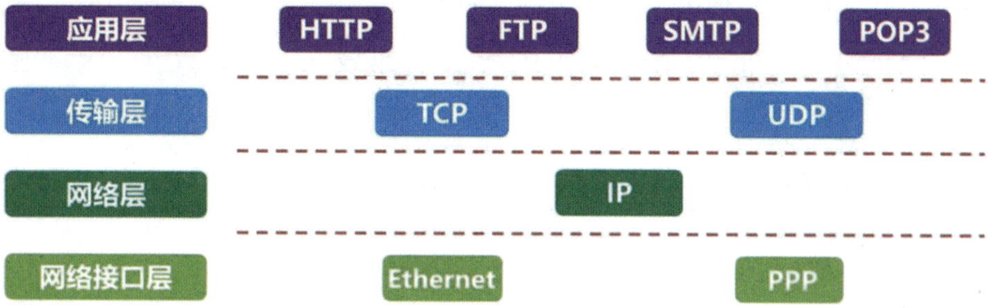

图 5-4　TCP/IP 四层模型

应用层负责处理应用程序和用户之间的数据通信，主要的协议有 HTTP、FTP、SMTP 等。传输层负责在网络上提供端到端的数据传输，主要的协议有 TCP 和 UDP（用户数据报协议）。网络层负责在网络中传输数据包，主要的协议有 IP。网络接口层包含物理层和数据链路层，负责将数据包转换为适合在物理网络（如以太网）上传输的比特流，并采用 PPP（点对点协议）处理数据在物理链路上的传输。

实验过程

一、实验问题

1. 问题情境

互联网已经成为日常生活中不可或缺的一部分，它不仅能够突破时空限制，将文字、图片和视频等信息传递给远方的亲友，还能将我们感兴趣的资讯即时呈现在眼前。这背后仿佛像有一张巨大的网，将所有的电子设备都联系在了一起。在享受互联网便利生活的同时，同学们是否好奇这些电子设备是如何将数据传递到指定地点？如何在传输过程中确保数据的完整性和准确性？

2. 问题分析

互联网服务依靠网络协议进行。每种网络服务都有其对应的协议，这些协议定义了数据如何被封装、传输、解析和执行。因此，想要了解互联网是如何可靠且准确地传递信息，就需要深入了解这些互联网协议的工作原理及作用。例如，当我们发送电子邮件时，SMTP 协议能够确保邮件正确发送；当我们浏览网页时，HTTP 协议能够确保网页内容快速加载。

二、实验探究

不同的网络服务采用不同的协议，以确保数据的有效传输与服务的正常运行。

会思考

（1）结合实验原理，在表 5-1 中填写每个互联网应用场景所使用的网络协议。

表 5-1　不同应用场景中的网络协议

互联网应用场景	使用的网络协议
使用浏览器访问新闻网站阅读新闻。	HTTP 协议
上传和下载大型文件。	
使用在线购物应用程序浏览和购买商品。	

（续表）

互联网应用场景	使用的网络协议
使用电子邮件客户端发送电子邮件给朋友。	
下载软件更新文件。	
使用电子邮件客户端从邮件服务器中接收邮件。	

（2）TCP/IP 模型每一层级的数据传输有哪些特点呢？阅读表 5-2 中的数据传输方式，将对应的层级名称填写在相应的位置。

表 5-2　TCP/IP 模型各层数据传输方式

层级名称	数据传输方式
应用层	数据传输是由应用程序负责的，通常使用特定的应用层协议（例如 HTTP、FTP、SMTP 等）进行数据传输。
	在网络上提供端到端的数据传输，主要通过 TCP 和 UDP 协议来实现数据传输。
	通过 IP 协议实现寻址（准确找到对方设备），在网络中将数据包传输到目标设备。
	通过物理介质（例如以太网、Wi-Fi 等）实现数据传输，实现数据包的物理传输和接收。

会探究

数据在 TCP/IP 模型中的传输过程如图 5-5 所示。在发送端，数据被逐层封装，形成适合网络传输的格式。而在接收端，数据则按照相反的顺序逐层解封装，每一层的协议负责解析数据并将其恢复到原始状态。

每个协议的首部都设计有特定的字段，以满足其在网络通信中的功能需求。IP 首部用于确保数据包能够正确地从发送者路由到接收者，TCP 首部用于确保数据传输的可靠性，以太网首部则用于局域网内的数据传输和帧识别。

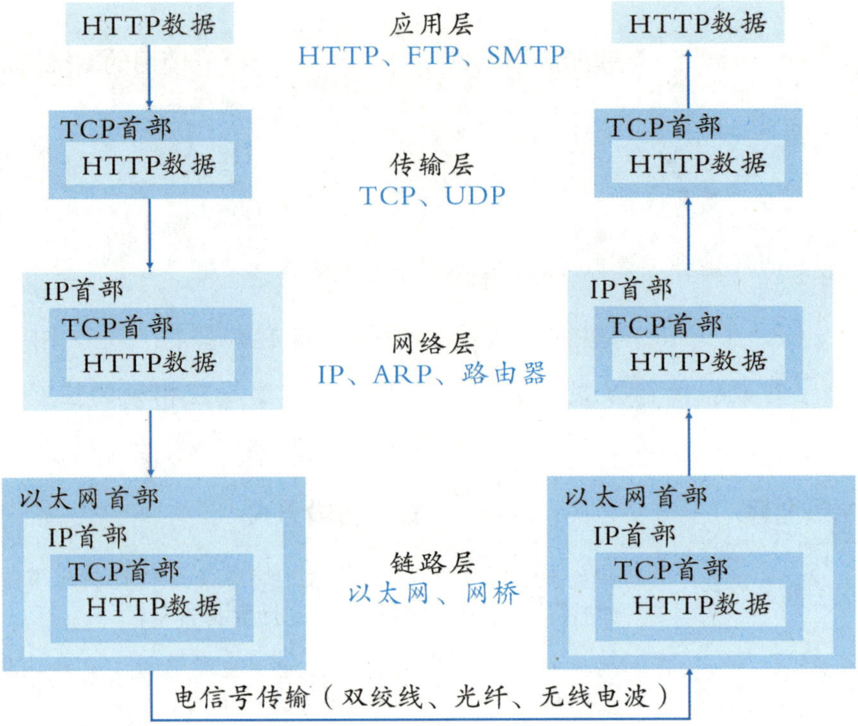

图 5-5　TCP/IP 模型示意图

结合图 5-5，思考从客户端向服务器发送文件的过程中，分别经过了哪些层级，各层级分别使用了哪些协议，并完成下面的填写。

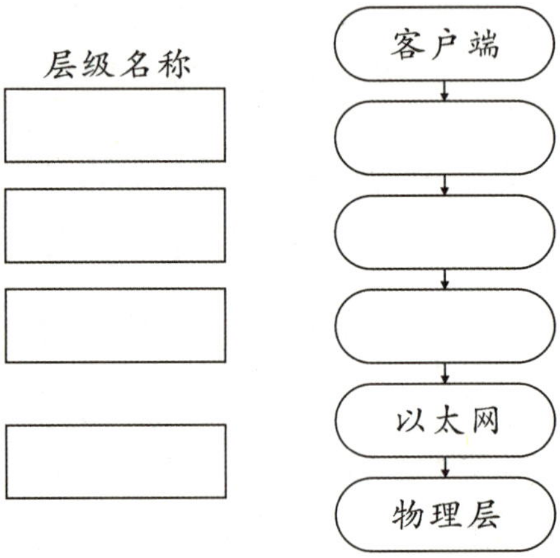

会体验

打开电子邮箱查看邮件服务器信息（图 5-6），尝试发送一份电子邮件，并在表 5-3 中记录邮件发送过程中经过的服务器与使用的协议。

图 5-6　邮件服务器信息

表 5-3　电子邮件发送流程

步骤	内容
发送邮件的邮箱	
使用协议名称	
邮件发送服务器	
使用协议名称	
邮件接收服务器	
使用协议名称	
接收邮件的邮箱	

实验迁移

经过前面的学习，相信同学们对 TCP 协议已经有所了解。在 TCP 建立网络连接的过程中，有一个关键的步骤被称为“三次握手”。这个步骤是网络连接建立的基础，确保了通信双方都能接收和发送数据。那么，这个步骤是如何完成的呢？

会提问

使用搜索引擎或生成式人工智能工具获取有效信息，了解“三次握手”的具体过程，填写表 5-4。

表 5-4　“三次握手”的具体过程

阶段	具体过程
第一次握手	
第二次握手	
第三次握手	

类似的，在 TCP 结束网络连接的过程中有所谓“四次挥手”的过程，以便确认对方已经接收到所有数据，从而实现可靠和有序的连接终止。

会迁移

通过在线搜索了解“四次挥手”的具体流程，完成下面的连线。

第一次挥手	服务器发送关闭连接请求。
第二次挥手	客户端发送断开连接请求。
第三次挥手	客户端确认服务器的断开请求。
第四次挥手	服务器确认客户端的断开请求。

实验总结

1. 实验反思

反思自己在实验中的表现，填写表 5-5。

表 5-5　实验反思

实验环节	表现较好的地方	还需努力的地方
实验问题		
实验探究		

2. 实验评价

回顾并评价自己在实验中的收获，填写表 5-6。

表 5-6　实验评价

我的收获	自评
能够举例说明常见网络协议的作用与工作原理。（计算思维）	☆☆☆☆☆
能够结合实际梳理数据传输过程，描述 TCP/IP 模型的结构与工作流程。（计算思维）	☆☆☆☆☆

实验 6　小型网络的搭建与配置

学段	第四学段（7～9 年级）	模块	互联网应用与创新
实验编号	6	课时	1～2
实验类型	☐程序设计类 ■硬件搭建类 ■体验感悟类 ☐科学探究类		
	☐验证性实验 ■探究性实验 ■创新应用性实验 ☐虚拟仿真实验		

实验目的

了解 IP 地址的含义，认识各类网络设备，探索搭建与配置小型网络的方法。

实验工具

1. 硬件

计算机、服务器、网线、路由器、调制解调器或光猫。

2. 软件

搜索引擎、生成式人工智能工具。

实验原理

1. IP 地址

IP 地址是指互联网协议地址（Internet Protocol Address），是网络设备的唯一标识，用于设备之间互相识别和通信。IP 地址通常表现为多组数字，根据 IP 地址版本不同，数字的范围有所差异。IPv4 是最常用的 IP 地址版本，它使用 32 位地址格式，通常以点分十进制表示，例如 192.168.1.1(表 6–1)。

表 6-1　IPv4 地址的表示方法

IP 地址	11000000 10101000 00000001 00000001			
按字节分组	11000000	10101000	00000001	00000001
转十进制数	192	168	1	1
点分十进制表示	192.168.1.1			

为了解决 IPv4 地址短缺的问题，IPv6 作为下一代 IP 地址协议被提出。IPv6 使用 128 位地址格式，提供了更广阔的地址空间，可以满足日益增长的互联网连接需求。IPv6 地址通常以冒号分隔的八组十六进制数字表示，例如，2001:0db8:85a3:0000:0000:8a2e:0370:7334。

设备加入网络后，DHCP 服务器会自动为其分配一个 IP 地址。DHCP 的全称是 Dynamic Host Configuration Protocol，即动态主机配置协议，允许服务器向客户端动态分配 IP 地址和配置信息。

2. 网络设备

（1）路由器。

路由器（图 6-1）是网络的核心设备之一，它负责连接不同类型的网络（例如家庭网络和互联网）和转发信息。此外，路由器还提供防火墙和网络地址转换（NAT）功能，增强了网络安全和管理多个设备的能力。

图 6-1　路由器

（2）调制解调器。

调制解调器（图 6-2）是 Modulator（调制器）与 Demodulator（解调器）的简称，根据 Modem 的谐音，常被称为“猫”。调制解调器的主要功能是将数字信号转换为模拟信号，以便通过电话线、有线电视线或光纤等传统通信线路进行传输，并在接收端将模拟信号再转换为数字信号。

图 6-2　调制解调器

此外，路由器与光纤相连需要一种特殊的调制解调器，称为光纤调制解调器或光纤终端（Optical Network Terminal,

ONT）。光纤调制解调器能够将光纤网络中的光信号转换成电信号，使路由器可以将信息转发出去，显著提高了通信效率。

（3）网线。

图 6-3　网线

网线（图 6-3）是连接计算机、路由器和交换机等网络设备的物理介质，用于传输数据。常见的网线类型有 UTP、STP 和光纤线：UTP 是最常用的网线类型，经济实用，易于安装，适合大多数局部网络环境；STP 与 UTP 类似，但增加了屏蔽层来减少电磁干扰，适用于较为复杂或干扰较多的网络环境；光纤线使用光波传输数据，提供比传统铜线更高的速度和更远的传输距离，适合数据中心和需要高带宽的应用场景。

3. 命令行工具

命令行工具支持用户通过文本命令与计算机系统交互，执行操作系统任务、管理文件和目录以及各种复杂的技术操作。此外，命令行工具可以通过 ipconfig 和 ping 等命令有效完成 IP 查询、网络测试等网络管理工作。如在 Windows 系统中，点击“开始”菜单，输入“cmd”或“命令提示符”，即可找到命令行工具的快捷打开方式（图 6-4）。

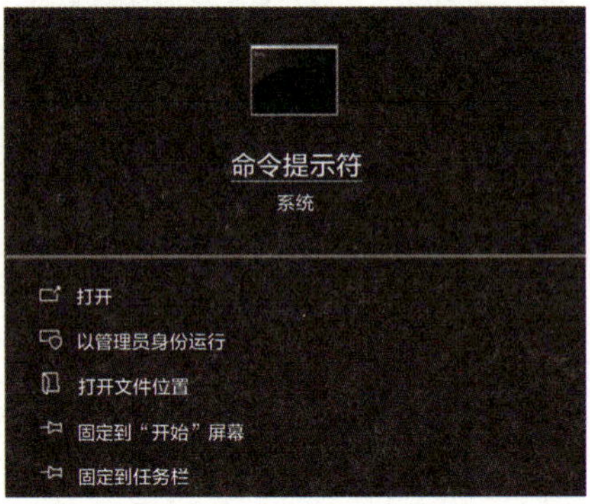

图 6-4　命令提示符

实验过程

一、实验问题

1. 问题情境

如今，互联网已经渗透到我们生活的方方面面。无论我们身处何地，都能轻松地连接到互联网，享受其带来的丰富多彩的体验。运行互联网应用需要各种网络设备协同工作，我们该如何使用这些网络设备搭建和配置一个小型网络呢？

2. 问题分析

搭建和配置小型网络包括硬件操作和软件设置两个部分。在硬件操作方面，需要正确连接不同的网络设备（例如路由器、调制解调器、网线等）；在软件设置方面，需要正确配置路由器和测试网络连接状态。

二、实验探究

路由器、调制解调器、网线是核心的网络设备。正确连接不同的网络设备是搭建小型网络的基础。

会思考

思考应该如何连接各个设备，并在图 6–5 中画出网线完成连接。

图 6–5 设备的连接

路由器是连接不同网络设备的桥梁。因此，正确配置路由器是搭建小型网络的关键。

会记录

登录路由器管理界面，尝试完成路由器参数设置，并填写表6-2。

表 6-2　路由器参数设置记录

项目	内容
路由器管理界面的 IP 地址	
设置的网络名称	
设置的网络密码	
是否设置 IP 自动分配	

完成路由器配置后，我们还需要测试网络连接的状态，确保所有设备都能正常连接并访问互联网或局域网资源。

会探究

（1）在测试网络前，我们首先需要知道计算机的 IP 地址。利用 ipconfig 命令可以查看计算机的 IP 地址（图 6-6）。

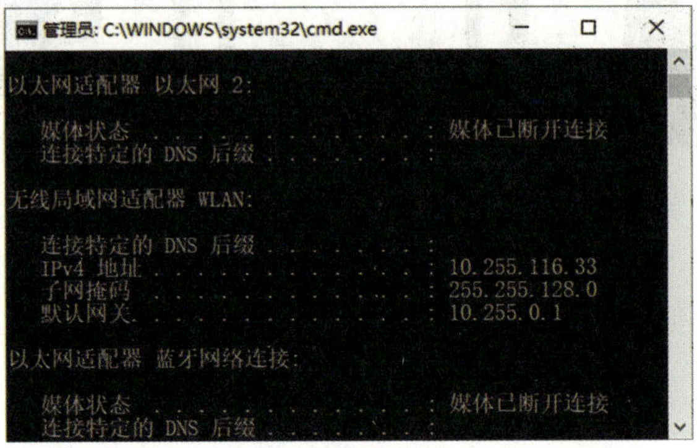

图 6-6　网络适配器的 IP 地址等信息

在命令提示符后输入“ipconfig -all”命令查询计算机的 IP 信息，并填写表 6-3。

表 6-3　计算机的 IP 信息

信息类别	信息内容
IPv4 地址	
子网掩码	
DHCP 服务器	
默认网关	

（2）尝试使用 ping 指令测试本机的网络连接以及与局域网内其他计算机的连接是否正常，填写表 6-4。

在命令提示符后输入“ping IP 地址”命令（例如：ping 10.255.116.33）并按下回车键，即可向目标 IP 地址发送测试数据包，判断目标 IP 地址是否有响应、记录响应时间。

表 6-4　ping 指令使用记录

次数	目标 IP 地址	是否响应	平均响应时间
1			
2			
3			
4			

实验迁移

随着数字化时代的到来，无线网络的使用变得越来越普遍。相比传统的有线网络，无线网络更为灵活与便利。当我们使用手机或笔记本连接到 Wi-Fi 网络时，实际上是通过无线信号连接到路由器所设置的小型网络，再经过路由器接入互联网。

会迁移

要在原有网络的基础上搭建无线网络，需要另行配置相应的无线设置（图6-7）。请登录路由器管理界面，打开无线设置相关页面，尝试完成参数设置，并填写在表6-5中。

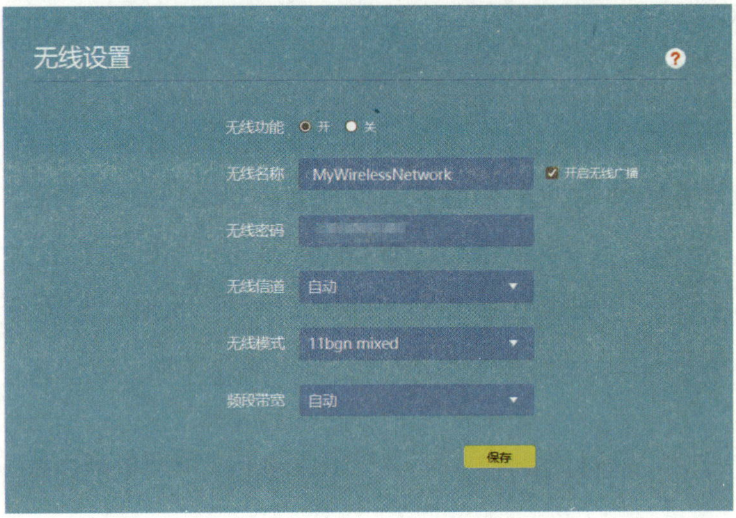

图6-7 无线路由器设置界面

表6-5 无线路由器设置项目

项目	内容
无线功能	☑开 ☐关
无线名称	
无线信道	
无线模式	
频段带宽	

会提问

无线模式决定了无线网络的操作标准和传输特性。不同的无线模式支持不同的传输速率、频段和兼容性。请使用搜索引擎或生成式人工智能工具获取有效信息，了解图 6-7 中“11bgn mixed”的含义，并在下方横线上写出该无线模式的优缺点。

优点：____。

缺点：____。

实验总结

1. 实验反思

反思自己在实验中的表现，填写表 6-6。

表 6-6　实验反思

实验环节	表现较好的地方	还需努力的地方
实验问题		
实验探究		

2. 实验评价

回顾并评价自己在实验中的收获，填写表 6-7。

表 6-7　实验评价

我的收获	自评
能够描述 IP 地址的含义和作用。（信息意识）	☆☆☆☆☆
能够辨别常见的网络设备，描述各类网络设备的基本功能。（信息意识）	☆☆☆☆☆
能够使用网络设备搭建与配置小型网络。（计算思维）	☆☆☆☆☆

第三单元
互联网创新应用

实验 7　分析“互联网 +”应用创新特点

学段	第四学段（7 ~ 9 年级）	模块	互联网应用与创新
实验编号	7	课时	1
实验类型	□程序设计类 □硬件搭建类 ■体验感悟类 ■科学探究类 □验证性实验 ■探究性实验 □创新应用性实验 □虚拟仿真实验		

实验目的

在“互联网 +”情境中，体验在线学习、生活和交流的新模式，探索如何合理应用互联网提高学习与生活质量。

实验工具

1. 硬件

计算机。

2. 软件

搜索引擎、生成式人工智能工具。

实验原理

“互联网 +”特指互联网与传统行业的深度融合，也是推动行业变革和创新的一种全新社会发展形态。它能够充分发挥互联网在社会资源配置中的优化和集成作用，助力提升全社会的创新力和生产力。如“互联网 +”零售：电子商务平台如淘宝、京东等在线商城改变了传统的购物方式，为用户提供了便捷的购物体验。

实验过程

一、实验问题

1. 问题情境

为培养学生的社会责任感，学校开展了“陪伴空巢老人”志愿服务活动。活动开始前，同学们热情高涨，踊跃报名。大家利用国家中小学智慧教育平台，深入学习心理健康知识，还利用在线文档共同制订活动计划和预算。活动当天，同学们借助电子地图与导航工具，逐户拜访老人，用表演和陪伴为老人们带去了欢乐和温暖。活动结束后，同学们将活动图片和视频分享到社交平台上，呼吁社会关注空巢老人。

想一想，在活动组织和开展过程中，“互联网 +”体现在哪些方面？

2. 问题分析

上述问题情境体现了互联网的思维模式和技术手段在学习、生活和社交等方面的应用。例如，同学们通过国家中小学智慧教育平台在线学习心理健康知识，使用在线文档进行沟通协作，体现了“互联网 +”学习；又如，同学们通过电子地图与导航工具查找前往目的地的路线，体现了“互联网 +”生活；再如，同学们使用手机记录活动过程并发布到社交平台，体现了“互联网 +”社交。

二、实验探究

接下来，让我们通过实践活动，一起深入探索这三个“互联网 +”场景。

会体验

在线学习是指利用网络技术和平台开展学习活动的过程。请登录国家中小学智慧教育平台，在平台中选择一节心理健康课程或其他感兴趣的课程进行学习，思考在线课程学习与传统学习的异同，完成表 7-1。

表 7-1　在线课程学习与传统学习的异同

比较	在线课程学习	传统学习
相同点		
不同点		

了解心理健康的相关知识后，通过在线文档与同学们协作，共同策划活动流程，制订预算计划，确保活动的顺利开展。

会探究

借助在线文档，小组合作整理一份活动策划书，内容包括活动目的、计划、预算和成果等，如图 7-1 所示。

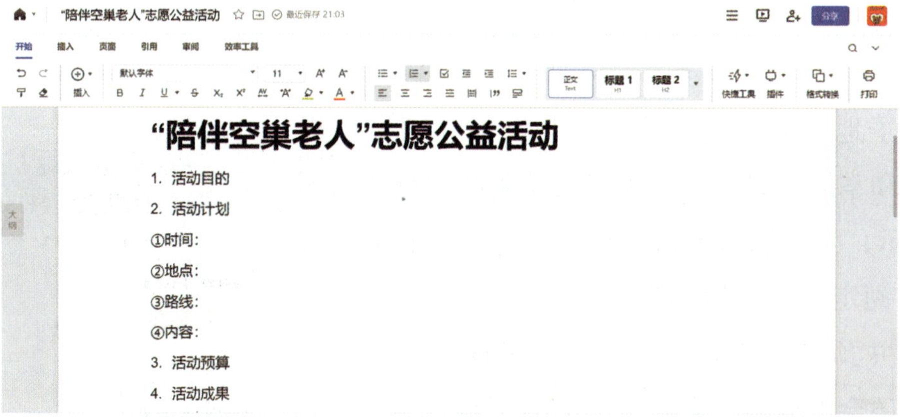

图 7-1　在线协作

会思考

比较在线文档编辑和传统文档编辑的区别，与同学交流使用在线协作文档的体会，并将正确的选项填写到相应的括号中。

A. 保存文件并重新打开　B. 安装办公软件　C. 多人同时编辑
D. 链接访问　　　　　　E. 实时　　　　　F. 评论、聊天

（1）在线文档编辑具有（　　　）性，编辑内容能够立即显示，而传统文档编辑则需要通过（　　　）或打印的方式才能看到更新的内容。

（2）在线文档编辑支持（　　　），实现团队协作，而传统文档编辑同一时间只能由单个用户进行编辑。

（3）在线文档编辑允许用户通过（　　　）或即时通信等方式进行实时沟通和讨论，提高了团队协作的效率。

（4）传统文档编辑通常需要在本地（　　　），如 WPS Office 等，而在线文档编辑则只需要通过（　　　）即可开始编辑。

（5）请小组讨论与分享在线文档协同编辑使用过程中遇到的问题和相应的解决方法。

问题：____。

解决方法：____
____。

电子地图的导航功能能够帮助同学们提前规划路线和掌握实时路况，确保活动顺利进行。如图 7-2 所示，当我们输入目的地后，电子导航系统会结合车辆定位、交通路况等实时数据，推荐合理的路线并预测到达时间。在行驶过程中，电子导航系统还会根据实时交通路况灵活调整路线。

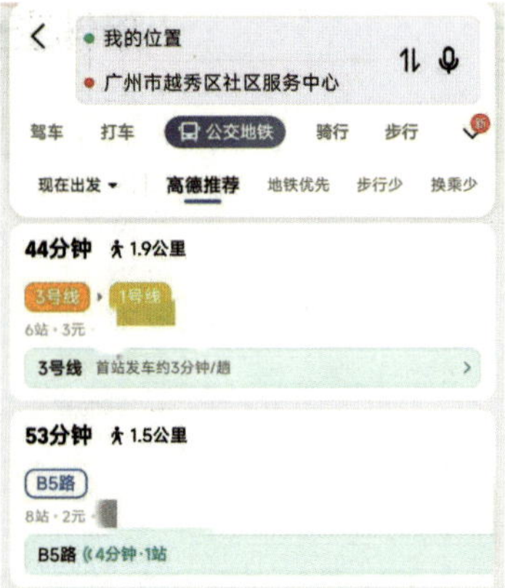

图 7-2　电子导航

会思考

电子导航系统是如何实时分析交通状况的呢？请同学们通过在线搜索，了解电子导航系统的工作原理，完成以下填空。

用户的车辆或手机借助____________系统的_________技术，可以即时提供精确的位置信息。电子导航系统会汇集这些定位数据、交通摄像头的实时画面以及用户反馈的路况信息，并将这些数据上传至______________。通过对这些交通数据进行实时分析和__________，电子导航系统能够为我们精准展示前方道路的实时交通状况，从而协助我们规避__________，选择更为顺畅的出行路线。

活动结束后，同学们将使用手机记录的精彩瞬间分享至社交平台，与亲友共同分享这份陪伴空巢老人的温暖与喜悦。然而，享受网络带来的便捷与乐趣的同时，我们也应当提高网络安全意识，采取必要措施保护自己的数字足迹。

会记录

使用搜索引擎或生成式人工智能工具获取有效信息，了解在使用互联网应用时应该如何保护个人信息安全，并结合个人实际情况填写表 7-2。

表 7-2　个人信息保护措施自查表

序号	个人信息保护措施	是否已执行
1	不随意在陌生的网站或应用上输入个人信息，如身份证号、银行卡号等。	□是 □否
2	定期更新账户密码，避免使用过于简单或容易猜测的密码。	□是 □否
3	谨慎处理来源不明的邮件、短信或电话，避免点击其中的链接或下载附件。	□是 □否
4	定期清理手机或计算机上的个人信息存储，确保个人信息安全。	□是 □否
5	定期检查手机或计算机的安全设置，确保防火墙、杀毒软件等已启用。	□是 □否

经过上述活动，我们已经深刻体会到“互联网 +”在学习、生活和社交等方面的应用和影响。接下来，请同学们结合生活实践，思考这些“互联网 +”应用的特点。

会思考

将“互联网 +”应用的特点和具体的案例进行连线。

跨界融合　　创新驱动　　重塑社会结构　　开放共享

某医院的“互联网+”智慧医疗。医院利用互联网技术，实现了在线挂号、远程问诊、电子病历等功能，为患者提供了更加便捷、高效的医疗服务。同时，医院还通过大数据分析等技术手段，优化医疗资源配置，提升医疗服务质量，实现了医疗行业的创新发展。	国家招标投标公共服务平台。该平台通过互联网技术，将各地的招标信息、投标信息、中标结果等数据进行集中展示和共享。它打破了地域限制，使得各地的企业和个人都可以方便地获取相关信息，参与招标活动。	智能共享单车。这一应用将传统的自行车与互联网技术相结合，通过智能手机应用进行车辆的解锁、使用、支付等操作。它打破了传统自行车租赁行业的局限性，为用户提供了一种便捷、环保的出行方式，同时也推动了共享经济的发展。	某社交平台。它连接了数亿用户，形成了庞大的社交网络，使得人们可以更加便捷地进行信息交流、资源共享和社交活动。同时，平台还通过小程序、公众号等功能，为商家提供了更加广阔的市场和营销渠道，推动了社会经济的发展。

实验迁移

当前，在线文档已经成为远程协作和团队合作的重要工具。在编辑在线文档的过程中，综合运用审阅功能与修订功能，能够帮助我们提高在线协作的效率和质量。

会迁移

体验在线文档中的审阅功能和修订功能，完成以下单选题。

（1）使用在线文档时，如果想要保留原文档的修改痕迹并允许他人查看，应该使用的功能是（　　）。

A. 审阅　　B. 修订　　C. 注释　　D. 跟踪

（2）在线文档中审阅与修订功能的主要区别是（　　）。

A. 审阅可以查看修改，但不能直接修改；修订可以直接修改文档

B. 审阅和修订都是查看文档的功能，没有区别

C. 审阅可以添加注释，修订不能

D. 修订可以查看修改，审阅不能

实验总结

1. 实验反思

反思自己在实验中的表现，填写表 7–3。

表 7–3　实验反思

实验环节	表现较好的地方	还需努力的地方
实验问题		
实验探究		

2. 实验评价

回顾并评价自己在实验中的收获，填写表 7–4。

表 7–4　实验评价

我的收获	自评
能够举例说明社会各领域的“互联网 +”应用，感受互联网给人类社会带来的深刻影响。（信息意识）	☆☆☆☆☆
能够举例说明“互联网 +”应用创新特点。（信息意识）	☆☆☆☆☆

实验 8　体验云服务

学段	第四学段（7 ~ 9 年级）	模块	互联网应用与创新
实验编号	8	课时	1
实验类型	□程序设计类 □硬件搭建类 ■体验感悟类 □科学探究类		
	■验证性实验 □探究性实验 □创新应用性实验 □虚拟仿真实验		

实验目的

了解云计算和云存储在生活中的应用，探索云服务对学习和生活的影响。

实验工具

1. 硬件

计算机。

2. 软件

网盘、搜索引擎、生成式人工智能工具。

实验原理

云计算和云存储是云服务的两大组成部分，它们共同构成了云服务的核心内容。

1. 云计算

云计算是一种通过互联网获取所需资源（包括计算资源、存储资源和网络资源）或服务的交付和使用模式。它将计算能力视为一种可按需获取的实用资源，就像自来水一样，用户可以根据需要随时获取并按使用量付费。

云计算是一种分布式计算，能够将复杂的大任务拆分为若干较小的子任务，接着分配给众多计算机分别执行，最后汇总处理成果并得出最终解决方案（图8-1）。通过云计算，我们可以在很短的时间内处理数以万计的数据，从而提供强大的网络服务。

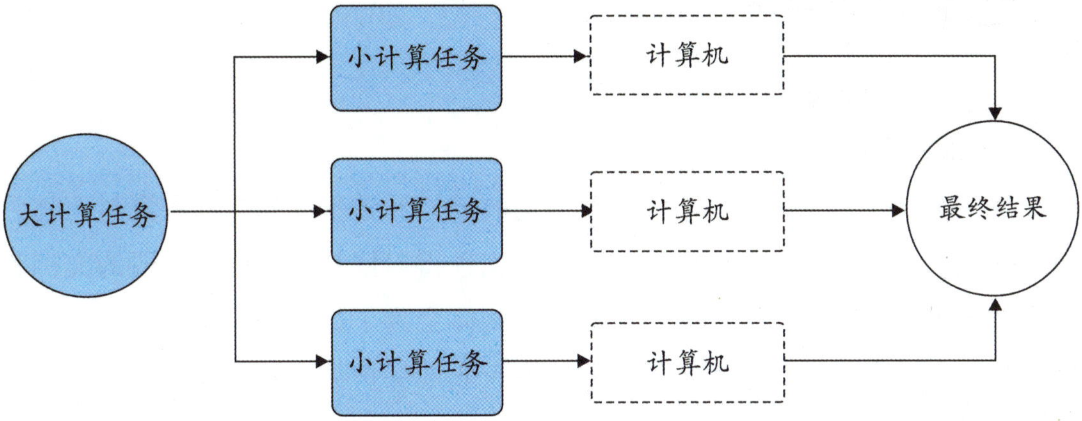

图 8-1　分布式计算示意图

2. 云存储

云存储是一种将数据存储在云端服务器上的技术，用户可以通过互联网随时随地进行访问和管理。存储虚拟化是云存储系统中的一项关键应用，实现了不同厂商、不同特性和规格的存储设备之间的互联，并构建成一个虚拟存储池，可按需分配资源（图 8-2）。作为一种灵活、可靠、安全且成本效益高的数据存储解决方案，云存储在多个领域发挥着重要作用。

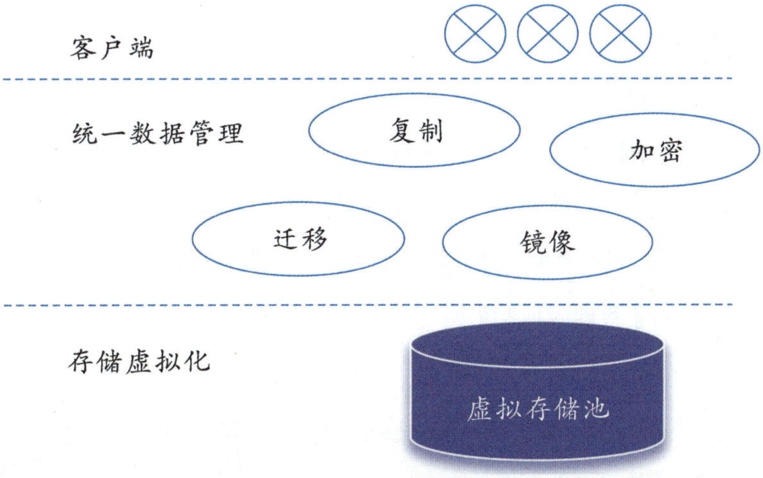

图 8-2　存储虚拟化示意图

网盘是一种云存储技术，它提供了在线存储、文件共享、备份、同步等多种功能。用户可以通过网页、客户端或移动 APP 等方式访问网盘，将自己的文件上传到云端，并在需要的时候随时访问和管理这些文件。

实验过程

一、实验问题

1. 问题情境

在一次意外中，某位同学的电脑遭遇故障，导致里面的文件和资料面临丢失的风险。经过一番紧急维修，虽然部分文件得以恢复，但许多重要的文档和图片仍然无法找回。这次经历让该同学深刻体会到了数据备份的重要性。他开始思考，在数字化时代，我们如何才能更有效地保护数据安全呢?

2. 问题分析

数据备份能够预防和减少因硬件故障、软件问题或人为失误导致的数据损失，我们可以使用多种存储介质（例如硬盘、网盘）等措施对数据进行定期备份，降低数据丢失的风险。同时，随着云计算技术的快速发展，云存储为数据备份提供了一种新的解决方案。云存储提供了可靠的数据存储和访问服务，它支持远程访问、自动备份和多设备同步等功能，能够有效保护数据安全。

二、实验探究

接下来，让我们一起体验如何使用网盘进行数据备份和分享。

会体验

网盘是目前最流行的云存储服务之一，具有高速稳定、安全可靠、多端支持、实时同步、共享协作的特点。参考以下数据备份的操作流程，尝试使用网盘对数据进行备份和分享。

（1）访问网盘的官方网站，注册或使用已有账号登录网盘。

（2）使用上传或同步功能，对数据进行备份。

（3）下载已备份的数据。尝试使用分享功能生成下载链接，并通过下载链接下载数据。

经过前面的学习，相信同学们已经对云存储、云计算有了一定的了解，这二者之间到底有哪些不同呢？

会探究

（1）从功能来看，云计算和云存储的区别在于（　　）。

A. 云计算主要提供数据存储空间，而云存储则用于执行计算密集型任务

B. 云存储提供硬件资源和平台进行计算处理，而云计算则是简单的数据保存服务

C. 云存储主要用于保存和访问数据，而云计算则提供计算资源和平台以运行应用程序

D. 云存储是云计算的一部分，两者没有功能上的区别

（2）关于云计算和云存储，下列描述正确的是（　　）。

A. 云存储主要关注数据的加密和访问控制，而云计算着重于应用程序的安全执行和网络安全策略

B. 使用云计算时，数据在处理后的结果可以存储在云存储中，但云计算本身并不依赖于存储资源的类型

C. 云计算服务通常提供文件同步、备份和共享功能，而云存储服务则提供远程数据处理和应用程序托管能力

D. 虚拟化技术仅用于云存储，与云计算的资源管理无关

会提问

云计算和云存储的应用服务为我们的生活提供了极大的便利，使用搜索引擎或生成式人工智能工具获取有效信息，判断下列应用服务的所属类型与具体应用，填写表 8-1。

表 8-1　云计算、云存储应用服务的具体应用

应用服务	所属类型	具体应用
智能导航系统	☑ 云计算 ☐ 云存储	智能导航系统依托云计算平台集成实时交通数据和海量用户反馈并进行综合计算分析，为用户实时提供道路拥堵状况、优化规划路线、预估到达目的地时间等信息。
网盘	☐ 云计算 ☐ 云存储	
在线处理平台	☐ 云计算 ☐ 云存储	
视频监控系统	☐ 云计算 ☐ 云存储	
网络搜索引擎	☐ 云计算 ☐ 云存储	

接下来，请同学们思考云存储、云计算等云服务给我们的学习与生活带来了哪些影响。

会思考

数据备份等云服务给我们的学习与生活带来的影响有(　　)。(多选题)

A. 提供了便捷的数据存储和访问

B. 增加了数据的灵活性和可靠性

C. 使用数据备份等云服务是多此一举，没有必要的

D. 云服务提供了自动化的数据备份功能，可以定期备份重要文件，避免因意外事件而导致数据丢失，增强了数据安全性

E. 云服务平台提供了文件共享和协作的功能，多人可以同时编辑、评论和分享文件，实现实时协作

实验迁移

根据用户来源和服务提供方式，云计算服务可分为四种部署模型：公有云、私有云、社区云和混合云。

其中，公有云面向社会大众提供服务；私有云是为单一组织或公司量身定制的，仅供组织内部使用；社区云是针对特定行业或社区的需求，通过集成不同云服务而创建的分布式系统；混合云则融合了公有云和私有云的优势，使其能够根据业务需求在不同云环境间无缝切换，因此也常被称为异构云。

会迁移

（1）最适合实现同时满足具有高安全性要求的内部数据处理和灵活扩展外部客户服务需求的云服务模型是（　　）。

A. 公有云　　B. 私有云　　C. 社区云　　D. 混合云

（2）允许多个组织共享相同的云基础设施，以便更有效地处理特定社区内的共同需求和问题的云服务模型是（　　）。

A. 公有云　　B. 私有云　　C. 社区云　　D. 混合云

实验总结

1. 实验反思

反思自己在实验中的表现，填写表 8-2。

表 8-2　实验反思

实验环节	表现较好的地方	还需努力的地方
实验问题		
实验探究		

2. 实验评价

回顾并评价自己在实验中的收获，填写表 8-3。

表 8-3　实验评价

我的收获	自评
能够描述云计算、云存储的原理，使用网盘进行数据备份。（计算思维）	☆☆☆☆☆
能够举例说明云服务对学习和生活的影响。（信息社会责任）	☆☆☆☆☆

实验 9 使用互联网工具或资源开展数字化学习，并创作、分享数字作品

学段	第四学段（7 ~ 9 年级）	模块	互联网应用与创新
实验编号	9	课时	1 ~ 2
实验类型	□程序设计类 □硬件搭建类 ■体验感悟类 ■科学探究类 □验证性实验 ■探究性实验 ■创新应用性实验 □虚拟仿真实验		

实验目的

使用互联网工具或资源开展数字化学习，创作与分享数字化作品。

实验工具

1. 硬件

计算机、摄影摄像设备。

2. 软件

视频剪辑软件、搜索引擎、生成式人工智能工具。

实验原理

1. 互联网工具或资源

互联网工具或资源是指在互联网上提供的各种应用程序、服务、数据和信息，以及用于获取、处理、分享和利用数据信息的工具、平台和系统。互联网工具或资源广泛应用于各个领域，产生了诸如文档处理、媒体播放、社交网络、

电子邮件、在线购物、学习教育、金融服务、医疗健康等软件服务，为人们的工作和生活带来了极大的便利。

2. 数字化学习

数字化学习是指利用互联网工具或资源进行学习的过程。数字化学习资源一般包括在线课程、电子书籍、教育应用程序、多媒体教学资源等，学习者可以借助数字化资源，随时随地获取知识和交流互动。

3. 数字化作品

数字化作品是指使用数字技术和工具进行创作、展示和分享的各种作品，一般包括数字图像、数字音频、数字视频、数字文档等。数字化作品的创作主体可以是个人、团队或机构，创作领域可以细分为艺术创作、影视制作、文学创作、平面设计、工程制造等。

实验过程

一、实验问题

1. 问题情境

校园文化节的脚步越来越近，今年的活动主题是“揭秘班级的点点滴滴”。为了更生动地展示班级风采，增进班级之间的了解，我们决定制作一件展示我们班级文化与日常的数字化作品。

想一想，可以通过什么方式来制作数字化作品呢？

2. 问题分析

短视频因其制作成本低、传播速度快、互动性强等特点，成为社交媒体上流行的内容形式。它们能够迅速吸引观众的注意力，并在短时间内传达大量信息。因此，我们可以通过短视频来展示班级风采。

二、实验设计

在开始创作短视频之前，我们需要了解短视频创作的一般流程。

会思考

（1）对短视频创作的步骤进行排序，并将排序结果的序号填写在下方横线上。

A. 剪辑视频　　B. 拍摄视频　　C. 确定主题与撰写脚本

D. 发布视频　　E. 编写剧本　　F. 组建创作小组

排序结果：________________________。

（2）根据短视频创作的一般流程，组建创作小组是首要步骤。小组成员各司其职、齐心协力，是保障短视频质量的基础。请将小组组名、成员和分工等信息填写在下方横线上。

组名：________________________。

成员和分工：________________________。

在组建创作小组之后，我们需要进一步讨论和确定主题并撰写脚本。

会设计

小组讨论视频脚本，确定短视频的主要内容，完成表 9-1。

表 9-1　视频脚本

镜头号	时长	景别	画面内容	解说词	音乐/音效	备注
1	3秒	全景	同学们围在一起欢笑	无	笑声	

三、实验探究

在开始创作短视频之前，我们可以借助互联网工具或资源学习如何更好地拍摄与创作视频。

会探究

（1）登录国家中小学智慧教育平台，搜索“短视频”相关课程（图 9-1），选择感兴趣的课程进行学习。例如，“手机摄影与短视频创作”一课提供了比较全面的短视频制作指引。

图 9-1　国家中小学智慧教育平台

（2）我们还可以使用搜索引擎或生成式人工智能工具获取短视频创作的方法与技巧。

接下来，我们需要通过各种渠道收集制作短视频所需的素材。

会思考

想一想，我们需要在短视频中添加哪些素材，填写表 9-2。

表 9-2　短视频的素材

序号	素材内容	素材来源
1	班级文化墙的图片	电子平板

（续表）

序号	素材内容	素材来源

视频剪辑软件是制作短视频的主要工具。通过这些软件，我们可以将收集到的视频片段、图片和音乐巧妙地融合，创作出有趣又富有感染力的短视频。

会体验

使用相关的视频剪辑软件或平台进行创作（图 9-2），并分享班级宣传视频。

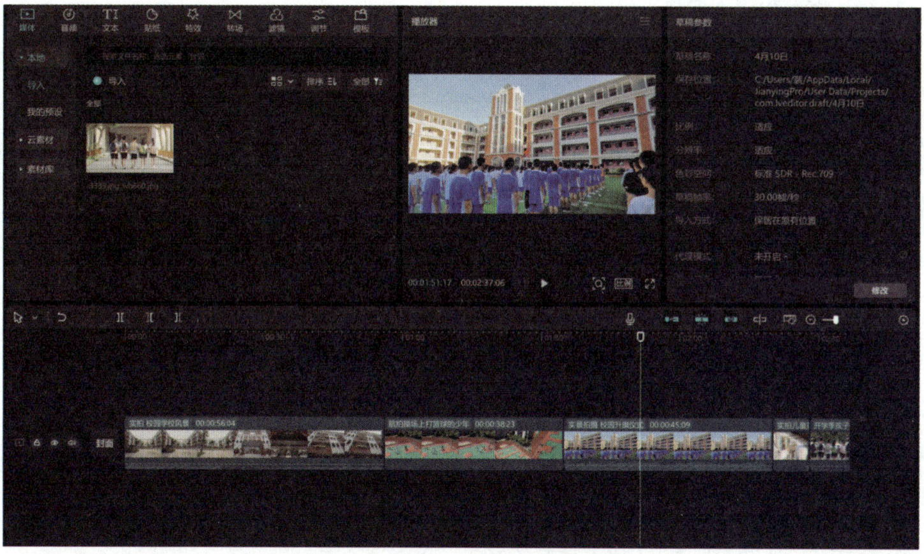

图 9-2 创作班级宣传视频

经过前面的学习，我们使用互联网工具和资源开展了数字化学习，并创作与分享了数字作品。想一想，互联网带来的新媒体、新社交、新资源对我们的学习和生活产生了哪些影响呢？

会思考

互联网工具或资源（　　）。（多选题）

A. 使信息的获取变得更加便捷

B. 改变了人们的社交方式，通过社交网络平台，我们可以与世界各地的人交流互动，分享生活、学习和工作中的经验和见解

C. 为我们提供了丰富的资源，如开放式课程等，使得学习资源更加多样化和丰富

D. 对我们的学习和生活没有带来什么实质性的影响

E. 不仅是技术和工具的改变，更深层次地影响了我们的行为习惯和生活方式

实验迁移

除了拍摄创意短视频来介绍班级文化，我们还可以利用其他互联网工具或资源来展示班级风采。

会迁移

借助海报制作网站制作电子海报，继续展示班级风采。在创作过程中，可以借助国家中小学智慧教育平台等互联网工具或资源，学习海报制作的知识与方法。

实验总结

1. 实验反思

反思自己在实验中的表现，填写表 9–3。

表 9–3　实验反思

实验环节	表现较好的地方	还需努力的地方
实验问题		
实验设计		
实验探究		

2. 实验评价

回顾并评价自己在实验中的收获，填写表 9–4。

表 9–4　实验评价

我的收获	自评
能够根据需求，选用合适的互联网工具或资源开展数字化学习。（数字化学习与创新）	☆☆☆☆☆
能够根据需求，选用合适的数字技术和工具创作与分享数字化作品。（数字化学习与创新）	☆☆☆☆☆

第四单元

互联网安全

实验 10　互联网应用的基本安全防护

学段	第四学段（7 ~ 9 年级）	模块	互联网应用与创新
实验编号	10	课时	1
实验类型	□程序设计类 □硬件搭建类 ■体验感悟类 □科学探究类 □验证性实验 ■探究性实验 □创新应用性实验 □虚拟仿真实验		

实验目的

了解用户标识与常见的身份认证技术，探索互联网应用的基本安全防护措施。

实验工具

1. 硬件

计算机。

2. 软件

搜索引擎、生成式人工智能工具。

实验原理

在互联网应用中，准确识别和验证用户身份是保障信息系统安全的关键。

1. 用户标识

在现实世界中，我们通过居民身份证号码来标识个人身份。同样，在网络世界中，用户标识是识别用户身份的基础，通常可分为用户账号、设备标识码（图 10–1）和电子身份证等。例如，在某系统中，通行证作为用户在系统中的唯一标识（图 10-2），确保了用户身份的唯一性和可识别性。

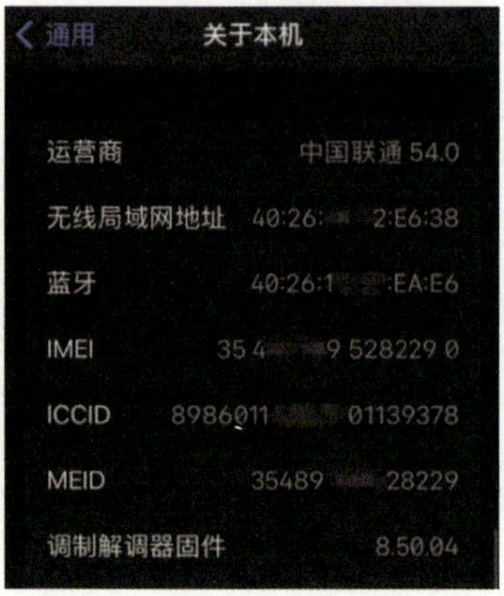

图 10-1　手机中的设备标识码

图 10-2　信息系统中的用户信息

2. 身份认证技术

身份认证是信息系统在用户登录时进行身份鉴别的过程。这一过程通常包括：用户在“账号登录”界面输入账号信息，系统将这些信息加密后安全传输至服务器，服务器对接收到的账号信息进行验证。若验证成功，用户便获得登录权限。常见的身份认证技术包括口令认证技术（图 10-3）、生物特征识别认证技术等。

图 10-3　登录界面

实验过程

一、实验问题

1. 问题情境

登录在线学习平台后，某同学遇到了一位热心网友。热心网友频繁地提供学习建议和帮助，逐渐成为某同学的学习伙伴。在一次交流的过程中，某同学将账户密码透露给该网友，结果导致其账号密码被篡改，无法正常登录平台。这次经历深刻地提醒了我们：在互联网上，我们必须谨慎保护个人信息，绝不轻易将账号密码等敏感信息透露给他人。

2. 问题分析

根据上述问题情境，我们要增强网络安全意识，对任何请求敏感信息的行为保持警惕，并采取适当的预防措施保护个人信息。

接下来，让我们一起探索互联网应用的基本安全防护措施。

二、实验探究

在使用互联网时，我们应当如何维护个人信息安全，做好基本安全防护呢？

会思考

以下可以保障个人密码安全的是（　　）。

A. 将密码设置为生日或者常用的姓名，方便记忆

B. 在多个网站上使用相同的密码，这样就不会忘记

C. 定期更改密码，并使用复杂的大小写字母、数字和特殊字符组合

D. 将密码写在纸上并放在显眼的地方，以防忘记

接下来，我们将学习如何通过设置强密码、使用动态密码和生物识别技术保障个人信息安全。

1. 设置强密码

设置强密码是加强个人网络安全防护的关键步骤。然而，许多人为了方便记忆，常常采取一些不安全的做法，例如一码多用或使用个人信息设置密码，这些行为都存在较大的账户信息泄露风险。因此，为了强化个人的信息保护，我们可以采取以下措施来设置强密码（表 10–1）。

表 10–1　创建强密码的注意事项

序号	注意事项
1	不使用个人信息（如姓名、生日、用户名或电子邮件地址等）作为密码。
2	使用更长的密码，至少应为六个字符，有的系统需要至少八个字符。
3	尽量不要对每个账户设置相同的密码。
4	尽量包括数字、符号和大小写字母。
5	避免使用字典中可以找到的单词，例如 swimming1 是一个弱密码。

会思考

判断表 10–2 中的密码是否属于强密码，并说明判断理由和改进方法。

表 10–2　判断是否为强密码

序号	密码	判断	判断理由和改进方法
1	abcabcabc	×	判断理由：这个密码使用简单、重复的字母顺序规律。 改进方法：加入数字、符号、大写字母，字符顺序更随机，如 a1b3c5+A9b8C7。
2	123abccba321		
3	BrAveZ!2		

2. 动态密码验证

动态密码技术作为当前身份认证的主流方法，比传统静态密码具有更高的安全性。动态密码包括动态口令卡、动态口令牌和手机动态口令三种方式。

动态口令卡的外形类似于银行卡，其背面以矩阵形式印有若干字符串；口令组合通常仅单次有效，交易结束后即失效。动态口令牌的外观形似 U 盘，其显示屏每隔一段时间会显示一个新密码；当需要使用动态口令时，只需要输入当前显示的密码即可。手机动态口令即我们平时收到的短信验证码，当需要验证用户身份的操作时，系统会自动生成口令以短信形式发送到用户绑定的手机上（图 10–4），用户在页面输入该口令即可完成身份认证操作。

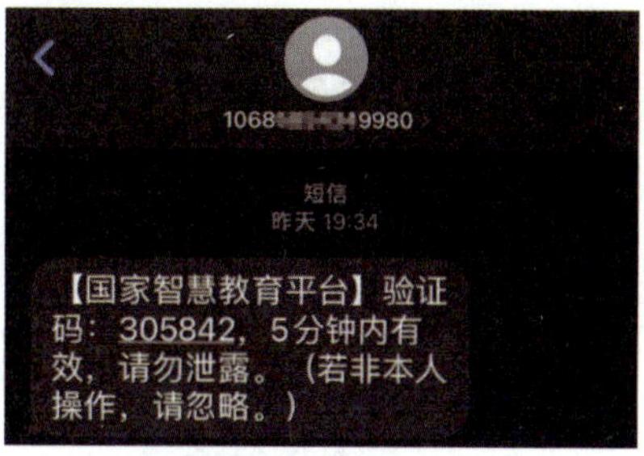

图 10–4　动态口令牌

3. 生物识别技术验证

生物识别技术是一种先进的身份验证方法，它综合了光学、声学、生物统计学原理等技术与学科的应用与研究，利用人体固有的生理特性（如指纹、虹膜等）和行为特征（如笔迹、步态等）来鉴别个人身份。

例如，人脸识别技术通过捕捉和分析面部特征，如眼睛、鼻子和嘴巴的位置与形状，来识别个人身份。系统首先录入并处理用户的面部图像，提取关键特征并存储。在身份验证时，系统会实时捕捉面部图像并与已存储的面部数据进行比对，匹配成功即可解锁或授权访问（图 10–5）。这种方法因其高安全性和便捷性，被广泛应用于各种安全验证和访问控制系统中。

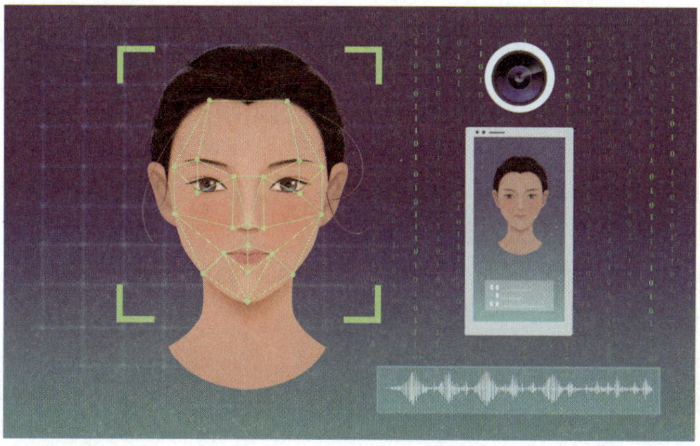
图 10–5　人脸识别验证

会提问

使用搜索引擎或生成式人工智能工具获取有效信息，了解生物识别技术及其原理。

实验迁移

学校计划推出一个便于远程考试的在线考试系统。想一想，应当如何设计验证学生身份的识别流程呢？

会迁移

（1）为在线考试系统设计一套用户身份的识别流程，并在下面绘制出流程图。

（2）请为在线考试系统设计用户设置密码的要求，填写表10-3。

表 10-3　在线考试系统密码设置要求

序号	密码设置要求
1	
2	
3	

（3）对于长相非常相似的双胞胎学生，简单的人脸识别技术可能无法保障双方的信息安全。那么，可以采用什么方法来增强识别的可靠性呢？请将想法写在下方横线上。

____

____

____

实验总结

1. 实验反思

反思自己在实验中的表现，填写表 10–4。

表 10–4　实验反思

实验环节	表现较好的地方	还需努力的地方
实验问题		
实验探究		

2. 实验评价

回顾并评价自己在实验中的收获，填写表 10–5。

表 10–5　实验评价

我的收获	自评
能够描述用户标识的含义，列举常见身份认证技术。（信息意识）	☆☆☆☆☆
能够采取设置强密码、使用身份认证技术等措施保护个人信息，增强个人网络安全意识。（信息社会责任）	☆☆☆☆☆

实验 11　体验数据加密

学段	第四学段（7 ~ 9 年级）	模块	互联网应用与创新
实验编号	11	课时	1
实验类型	□程序设计类 □硬件搭建类 ■体验感悟类 □科学探究类		
	□验证性实验 ■探究性实验 □创新应用性实验 □虚拟仿真实验		

实验目的

通过流程图绘制和程序编写，体验替代加密法的数据加密过程。

实验工具

1. 硬件

计算机。

2. 软件

Mind+、搜索引擎、生成式人工智能工具。

实验原理

1. 密钥

密钥是密码算法中引进的控制参数，其中加密算法中的控制参数称为加密密钥，解密算法中的控制参数称为解密密钥。

2. 数据加密

在日常生活中，有许多重要的数据都需要进行加密保护，例如用户账号、密码和个人隐私信息等。数据加密是一种通过密码技术将原始数据（明文）转换成难以直接解读的形式（密文）的过程。其中，未加密的数据信息称为明文，明文经过加密后称为密文。如图 11–1 所示，明文通过与加密密钥结合，被转换成密文，从而保护数据在传输或存储过程中不被未授权的访问。

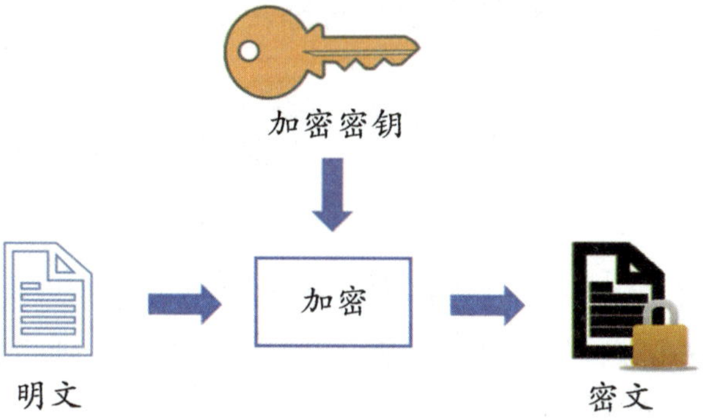

图 11–1　加密过程示意

3. 替代加密法

替代加密法是一种古典的加密技术，其核心思想是通过将明文中的每个字符按照某种规则替换为另一个字符来生成密文。

实验过程

一、实验问题

1. 问题情境

恺撒密码是一种简单的替代加密法，它通过将字母表中的每个字母按照固定数目向前或向后移动来加密，平移的数目为密钥。表 11–1 是一种密钥为 3 的替代加密法，明文 a 向后平移 3 位转换为密文 d，明文 b 转换为密文 e……以此类推，我们就能将明文转换为密文，从而加密数据、保护数据安全。想一想，如何通过编程实现该数据加密的过程呢？

表 11–1　密钥为 3 的替代加密法

明文	a	b	c	d	e	f	g	h	i	……
密文	d	e	f	g	h	i	j	k	l	……

2. 问题分析

根据上述问题情境，“密钥为 3 的替代加密算法”程序编写步骤如下。

（1）输入明文：请求用户输入待加密的明文。

（2）字母表定位：遍历用户输入的每一个字符，检查它是否属于小写字母表（a~z）。

（3）加密替换：如果是小写字母，则找到该字符在字母表中的位置 k；如果字符位于 a 到 w（即 $1 \leq k \leq 23$），则将字母表第 $k+3$ 位字母加入密文列表；如果字符位于 x 到 z（即 $k \geq 24$），则将字母表第 $k-23$ 位字母加入密文列表。

（4）非字母字符处理：如果字符不是小写字母，则将该字符直接加入密文列表，不进行加密处理。

（5）输出结果：输出密文列表。

二、实验设计

接下来，让我们一起探索加密密钥为 3 的替代加密算法程序该如何编写。

会设计

请根据密钥为 3 的替代加密算法，设计对应的算法流程图。

三、实验验证

接下来，让我们进一步学习 Mind+ 软件中相关的程序指令（表 11-2）。

表 11-2 指令说明

程序指令	指令说明
回答 的字符数	获取字符数指令：获取字符串的字符数。 以左图为例，获取“回答”字符串的字符数。
回答 的第 1 个字符	获取单个字符指令：获取指定字符串的某个字符。 以左图为例，获取“回答”字符串中的第 1 个字符。
列表 a-z 包含 变量 str ?	包含判断指令：当左边的内容包含右边的内容时，返回“1”，否则返回“0”。 以左图为例，当列表“a-z”包含变量“str”时，返回“1”，否则返回“0”。
说 列表 Result	显示内容指令：让角色持续以气泡框形式显示内容。 以左图为例，让角色持续以气泡框形式显示列表“Result”的内容。

会验证

结合上述流程图与程序指令，编写并运行替代加密算法程序。

会提问

国产商用密码算法是我国自主研发、具有自主知识产权的一系列密码算法，具有较高安全性，由国家密码管理局公开并大力推广。请使用搜索引擎或生成式人工智能工具获取有效信息，了解国产商用密码算法并填写表 11-3。

表 11-3 国产商用密码算法

序号	密码算法全称	简称	功能及应用
1	SM4 分组密码算法	SM4	一种对称加密分组密码算法，用于加密大数据量，它的密钥长度为 128 位，分组长度为 128 位，具有高效性和安全性。
2			
3			

实验迁移

解密是将加密数据恢复为原始形态的过程，它需要使用与加密时相同的密钥来还原数据。例如，在替代加密算法的解密过程中，需要使用与加密时相同的密钥，按照字母表进行反向的平移操作。如图 11-2 所示，已知该替代加密算法的密钥为 3，因此解密过程应将密文中的每个字母向前移动 3 位，从而得到明文，所以密文 S 对应的明文是 P。

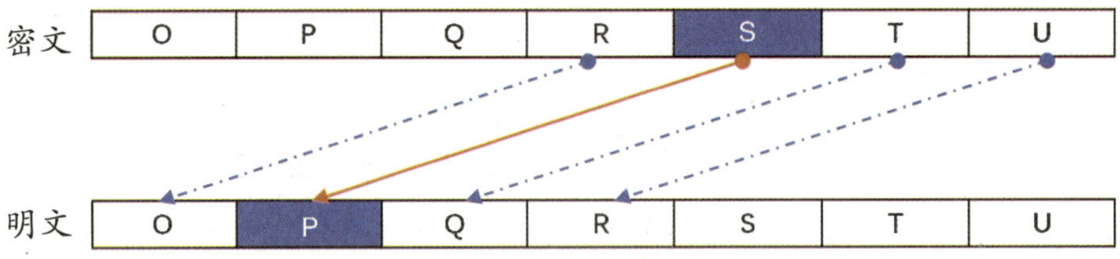

图 11-2 密钥为 3 的解密

会迁移

（1）思考并填写下列关于解密算法的内容。

若密文中的字母位于 d 到 z，该字母向前移 ______ 位；若密文中的字母位于 ____________ 到 ____________，该字母向后移 ______ 位。

（2）根据密钥为 3 的解密规则，设计对应的算法流程图。

开始

↓

↓

结束

（3）结合上述流程图，编写密钥为 3 的解密算法程序。

实验总结

1. 实验反思

反思自己在实验中的表现，填写表 11-4。

表 11-4 实验反思

实验环节	表现较好的地方	还需努力的地方
实验问题		
实验设计		
实验验证		

2. 实验评价

回顾并评价自己在实验中的收获，填写表 11-5。

表 11-5 实验评价

我的收获	自评
能够列举简单的加密算法。（信息意识）	☆☆☆☆☆
能够使用简单的数据加密方法对数据进行加密。（数字化学习与创新）	☆☆☆☆☆
能够使用编程工具实现简单的加密和解密算法。（计算思维）	☆☆☆☆☆

跨学科主题

互联智能设计

实验 12 “向世界介绍我的学校”创意项目设计与实现

学段	第四学段（7 ~ 9 年级）	模块	互联网应用与创新
实验编号	27	课时	2 ~ 3
实验类型	□程序设计类 □硬件搭建类 ■体验感悟类 □科学探究类		
	□验证性实验 □探究性实验 ■创新应用性实验 □虚拟仿真实验		

实验目的

运用跨学科知识、多种媒介形式和多种媒体类型，设计并实现“向世界介绍我的学校”创意项目。

实验工具

1. 硬件

计算机、摄影摄像设备。

2. 软件

视频剪辑软件、搜索引擎、生成式人工智能工具。

跨学科知识

本实验涉及语文、英语、音乐、信息科技等跨学科知识（图 12–1）。

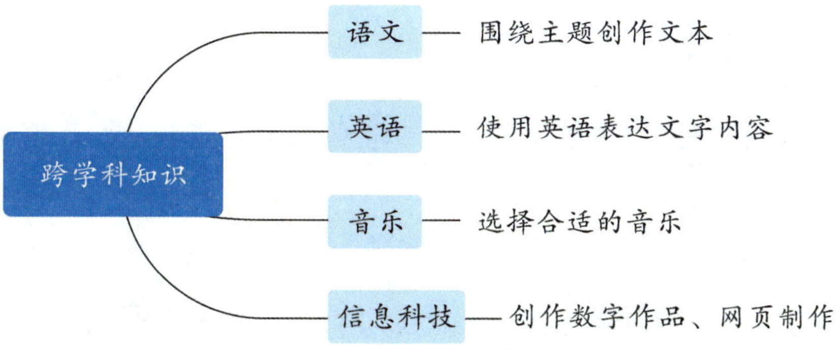

图 12-1　实验涉及的跨学科知识

实验过程

一、实验问题

1. 问题情境

作为一个全球性的信息共享平台，互联网跨越了地理和文化的界限，为世界各地的人们提供了表达观点、分享经验和交流思想的空间。在这个广阔的平台上，我们不仅能够倾听世界的声音，还可以展示自我风采。想一想，我们如何借助互联网向世界介绍我们的学校呢？

2. 问题分析

为了实现图文并茂、生动有趣、文化多元的宣传效果，我们可以利用文字、图片、音频、视频等媒介形式，综合主题创作、英语表达、音乐欣赏、数字作品与网页制作等跨学科知识有序组织学校信息并借助互联网展示学校风采。

二、实验设计

首先，我们需要确定宣传内容，例如学校历史、校园风景、师资力量和学生活动等。接下来，再根据内容特点选择合适的媒介形式，例如文字、图片、音频、视频等。

会思考

请结合学校的办学特色，思考宣传内容与媒介形式，填写表12-1。

表 12-1　宣传内容与媒介形式

宣传内容	媒介形式

互联网技术的发展催生了众多社交媒体，我们可以综合运用百科词条、电子相册、短视频等媒体类型制作学校宣传的数字化作品。

会设计

请使用搜索引擎或生成式人工智能工具获取有效信息，了解下列常见媒体类型的功能和价值，并设计多种学校宣传方案，填写表 12-2。

表 12-2　宣传方案设计

常见媒体类型	宣传方案
百科词条	
电子相册	
短视频	

三、实验探究

根据实验设计，我们可以综合运用不同的媒介形式与媒体类型来介绍学校。接下来，让我们先确定百科词条的具体内容。

会提问

（1）请为学校设计一段简介文案，作为百科词条的概述部分，并使用生成式人工智能工具进行润色，将结果填写到下方横线上。

我设计的学校简介：____

____

____。

生成式人工智能润色的学校简介：______________________________

____

____。

（2）请根据所选择的宣传内容，继续完成百科词条正文部分文字内容的设计。

相比文字，图片和视频能够更加直观地传达复杂信息，也更容易吸引我们的注意力。接下来，让我们一起探索如何通过视觉内容提升宣传的生动性吧！

会体验

请通过拍照或使用搜索引擎收集 10 张能够体现学校特色的图片，并尝试制作成一份校园电子相册。

相较于静态的图片，视频集画面、声音与动画等多种媒介元素于一体，能给我们带来更强烈的视觉冲击。想一想，如何利用短视频的优势，迅速吸引全球观众的注意力，并让他们轻松地理解视频所传达的信息呢？

跨学科

（1）请根据实验 9 学习的短视频制作相关知识，结合所收集的文本和图片素材，创作一个 3 分钟左右的校园宣传短视频，并将创作脚本记录在表 12-3 中。

表 12-3　视频脚本

镜头号	时间	景别	画面内容	解说词	音乐 / 音效	备注

（2）为方便国际友人理解，请将视频中的中文字幕或解说词翻译成英文，并呈现在视频画面的下方。

实验迁移

除了百科词条、电子相册和短视频，还可以采用 3D 虚拟仿真平台搭建校园建筑模型和 3D 动画，沉浸式展示校园全景。例如，可以采用国产软件帕拉卡 3D 软件搭建虚拟学校，让世界各地的人们足不出户就可以“走进”我们的校园（图 12-2）。

图 12-2　3D 虚拟校园

会迁移

（1）采用搜索引擎获取帕拉卡 3D 软件的下载地址，安装软件。

（2）根据教材提供的微课教程示例，或搜索帕拉卡 3D 软件官网的学习资源开展自主学习，通过小组合作的方式搭建我们的虚拟校园。

（3）向他人展示虚拟校园作品，在获得好评的基础上，可以参加 3D 数字动画类展示交流活动，结识更多志同道合的学习伙伴。

会思考

为了提高互联网信息的时效性，我们应当定期更新学校的宣传材料，例如修改文字、替换图片等。请思考学校宣传材料的更新方案，填写表 12-4。

表 12-4　宣传材料更新方案

数字化表现方式	内容更新方案

（续表）

数字化表现方式	内容更新方案

实验总结

1. 实验反思

反思自己在实验中的表现，填写表 12–5。

表 12–5　实验反思

实验环节	表现较好的地方	还需努力的地方
实验问题		
实验设计		
实验探究		

2. 实验评价

回顾并评价自己在实验中的收获，填写表 12–6。

表 12–6　实验评价

我的收获	自评
能够运用多种软硬件获取制作数字作品所需的多媒体资源。（信息意识）	☆☆☆☆☆
能够综合运用多种媒介形式与媒体类型制作数字作品。（数字化学习与创新）	☆☆☆☆☆
能够举例说明数字作品对信息社会文化交流与传播的重要意义。（信息社会责任）	☆☆☆☆☆